Die 12 Tempel der Religionen

Entwürfe für die Zukunft – Band 35

Kontakt: www.HarryEilenstein.de
Harry.Eilenstein@web.de
Harry Eilenstein bei youtube

Verlag: BoD · Books on Demand GmbH, Überseering 33, 22297 Hamburg, bod@bod.de
Druck: Libri Plureos GmbH, Friedensallee 273, 22763 Hamburg

ISBN: 978-3-8192-2806-3

Inhaltsübersicht

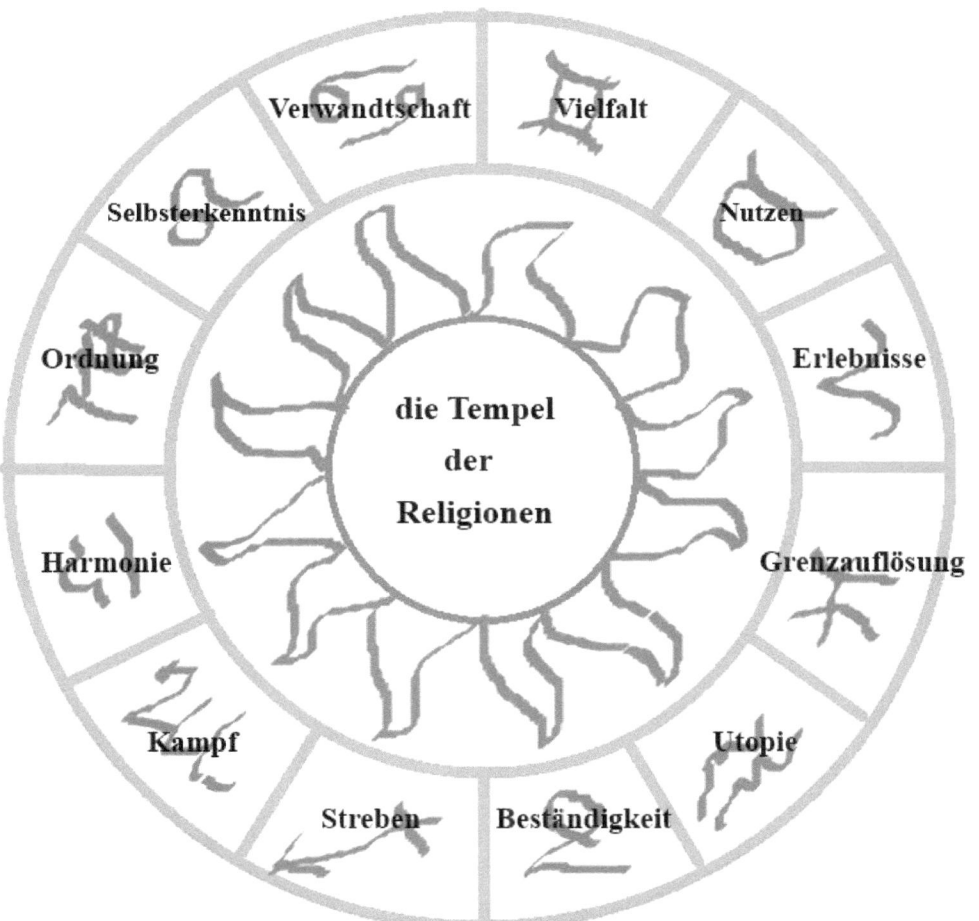

Warum 12?

Alle Bücher dieser Reihe haben genau 12 Kapitel – was sich ja auch in den Titeln dieser Bücher widerspiegelt. Warum?

In diesen Büchern wird der Tierkreis als Matrix von 12 verschiedenen Sichtweisen auf die Welt verwendet, um das Thema des Buches möglichst umfassend in 12 Kapiteln zu betrachten. Dadurch wird eine ausgewogenere, umfassendere und tiefere Einsicht in das jeweilige Thema erlangt als es ohne ein solches Raster, ohne eine solche Matrix möglich wäre.

Der Tierkreis wird in dieser Buch-Reihe als Forschungs-Hilfsmittel benutzt, durch das die Einseitigkeiten in der Betrachtung zumindest vermindert werden können. Weiterhin werden durch dieses Vorgehen diese 12 Sichtweisen auch als Ergänzungen zueinander, als organische Teile eines Ganzen deutlich.

Die Inspiration zu diesem Vorgehen stammt aus Hermann Hesses Roman „Das Glasperlenspiel", für das er 1946 den Literatur-Nobelpreis erhielt. In diesem Roman beschreibt er die öffentlichen Darstellungen von Übersichten und Gesamtbetrachtungen, die mithilfe von verschiedenen allgemeinen Strukturen wie z.B. dem Ba Gua aus dem chinesischen Feng-Shui angefertigt und aufgeführt werden.

Diese Buch-Reihe ist ein Versuch, Hesse's Idee im ganz Kleinen konkret zu verwirklichen.

Die Blickwinkel der 12 Tierkreiszeichen sind:

♈	Widder:	Spontaner
♉	Stier:	Genießer
♊	Zwilling:	Neugieriger
♋	Krebs:	Familienmensch
♌	Löwe:	Egozentriker
♍	Jungfrau:	Handwerker
♎	Waage:	Schöngeist
♏	Skorpion:	Tiefgründiger
♐	Schütze:	Idealist
♑	Steinbock:	Realist
♒	Wassermann:	Theoretiker
♓	Fische:	Träumer

1. Erlebnisse

♈

Der erste Tempel der Religionen ist der Tempel der Erfahrungen.

Wann gibt Religion einen Sinn? Wenn man weiß, dass da wirklich etwas ganz Reales ist, über das man sprechen kann.

Dieses Erlebnis, das den Menschen gezeigt, hat, dass es noch mehr als nur die materielle Welt und den eigenen materiellen Körper gibt, ist das Nahtod-Erlebnis. Bei einem Nahtod erlebt man auch noch heute, dass man mit seinem Bewusstsein den eigenen Körper verlässt und dabei über sich selber schwebt und sich an fast jeden beliebigen Ort wünschen kann. In diesem Zustand nimmt man sich selber entweder nur als Bewusstseinspunkt wahr oder als ein milchigweiß leuchtendes und an den Konturen oft leicht verwaschenes Schemen, dass in etwas dieselbe Gestalt wieder eigene materielle Körper hat.

Diese Erfahrung wird auch „Astralreise" oder „out of body"-Erlebnis genannt. In der psychologischen Literatur findet sich dafür der Begriff „Dissoziation", der dieses Erlebnis jedoch nur bezeichnet, aber nicht erklärt, warum jemand in diesem Zustand z.B. Dinge und Vorgänge in anderen Räumen wahrnehmen kann, zu denen er gar keinen Zugang hat – und das zudem in dem Zustand der Ohnmacht, in dem sich der materielle Körper während einer solchen Astralreise befindet.

Der Auslöser für ein solches Nahtod-Erlebnis ist – wie der Name schon sagt – ein Beinahe-Tod. Das kann ein Unfall, eine massive Bedrohung durch einen anderen Menschen oder ein Tier und ähnliches mehr sein.

Da auch andere Menschen einen Astralkörper, der seinen materiellen Körper verlassen hat, sehen können, wenn sie solche Dinge ausreichend geübt haben („Hellsehen"), ist das Motiv eines leiblosen Menschen, der wie ein milchigweiß leuchtendes Schemen aussieht entstanden: die „Bettlaken-Gespenster".

Dieses religiöse „Wurzel-Erlebnis" wird nach und nach – nachdem klar war, dass es da etwas nicht-Materielles gibt – durch andere Erlebnisse wie Ahnungen und Telepathie oder Experimente wie die innere Bitte um Hilfe in Notsituationen und ähnliches ergänzt worden sein.

Das Erlebnis der Astralreise ist die Grundlage der gesamten Religion. Dieses Erlebnis hat gezeigt, dass der Mensch nicht nur einen materiellen Körper, sondern auch einen nicht-materiellen Körper hat: die Seele.

Der Priester in dem Tempel der Erfahrungen ist der Schamane.

Solche Astralreise-Erlebnisse wurden sicherlich auch weitererzählt, wodurch sich nach einer Weile eine allgemeine Beschreibung solcher Erlebnisse gebildet hat. Dadurch hat sich ein über die materielle Welt hinausgehendes Weltbild entwickelt, das standardisierte Bilder enthielt. Diese ersten Anfänge einer bildhaften Weltbeschreibung – also einer Mythologie – enthielten bereits eine ganze Reihe von Bildern:

- Das **Astralreise**-Erlebnis bei einem Beinahe-Tod ließ sich am besten als „Ich war ein Vogel!" beschreiben, da man dabei ja schwebt bzw. fliegt. Daraus hat sich das weltweit verbreitete Motiv des Seelenvogels ergeben: ein Vogel, ein Vogel mit Menschenkopf, ein Mensch mit Vogelkopf, ein Mensch mit Flügeln (Engel), ein Mensch mit Federkleid, ein Mensch mit Feder-Kopfschmuck usw.

Der „Vogel auf einem Stab" als „fliegender Vogel" und als Seelenvogel ist weltweit als Symbol im Kult verbreitet. Noch in christlichen Kirchen fliegt der Heilige Geist als Taube über Christus und den Heiligen. Der „Vogel-Stab" ist im Grunde die erste – bildhafte – religiöse Verkündung: „Du bist mehr als nur Dein Leib – Du hast eine Seele!"

Nahtod-Bild aus Lascaux, 23.000 v.Chr.

- Da die Menschen auch schon damals in der Erde bestattet wurden, lag die Assoziation der **Toten** in der Erde zu den Schlangen nahe. Daher konnten die Toten auch als Schlangen dargestellt werden.

- Ein besonders guter Jäger war „wie ein Panther". Man konnte Kraft also dadurch beschreiben, daß man ihn „**Panther-Mann**" nannte oder ihn als Mann mit Pantherkopf darstellte.

Die Benutzung eines Großraubtiers zur Bezeichnung der großen Kraft eines Menschen ist die einfachste Möglichkeit, ein Adjektiv zu erschaffen. Diese „substantivischen Adjektive" wie „Panther-Mann" entsprechen der untersten Verarbeitungsschicht der Psyche: die Assoziation, die auch das Erinnern und daher auch das Lernen ermöglicht.

- Eine besonders fruchtbare Frau war nach demselben Muster ein „**Kuh-Frau**" und ein zeugungsstarker Mann ein „**Stier-Mann**" genannt, da die Herdentiere angesichts ihres Lebens in großen Gruppen offensichtlich sowohl fruchtbar als auch zeugungsstark sein mussten.

Aus den Höhlenmalereien und aus den Elfenbein-Schnitzereien der späten

7

Altsteinzeit sind sowohl Kuh/Frau-Mischwesen als auch Stier/Mann-Misch-wesen bekannt.

Wenn man mit seinem Seelenvogel den eigenen Leib verlassen kann, stellt sich die Frage, was denn eigentlich nach dem Tod mit diesem Seelenvogel geschieht. Zunächst einmal wird man vermutlich gedacht haben, dass diese Ahnen-Seelenvögel unsichtbar bei der Sippe bleiben, doch nach einer Weile wird die Vorstellung hinzu-gekommen sein, dass nicht nur die Leichen der Toten, sondern auch deren Seelen in der Erde liegen – dadurch entstand das Motiv der Unterwelt, in der die Toten wohnen.

Die Welt der Toten war für die Lebenden offensichtlich unzugänglich. Man konnte daher auch vermuten, dass die Toten in den tiefen Wassern der Flüsse und Seen lebten. Da zudem die Regenwolken am Horizont aus der Erde emporzusteigen scheinen und das Süßwasser aus Quellen aus der Erde heraufkommt, musste irgendwo unter der Erde ein großer Süßwassersee sein. Dieses Süßwassermeer wurde daher zu einem zweiten Jenseitsbild neben der Erdunterwelt: die Wasserunterwelt.

- Da es nun auch die Vorstellung einer Wasserunterwelt gab, entstand auch das Motiv der Seelen als **Fische** in den Wassern unter der Erde. Dieses Motiv wurde in der Altsteinzeit zwar recht selten dargestellt, doch es muss vorhanden gewesen sein, da es die die späteren jungsteinzeitlichen Mythen stark geprägt hat.

Nachdem die Vorstellung einer Unterwelt entstanden war, gab es nun das Bild einer in die Menschenwelt und in die Unterwelt zweigeteilte Welt. Genaugenommen ist die Menschenwelt lediglich die Welt der „Seelen in einem Körper" und die Unterwelt die Welt der „Seelen ohne Körper". Das Jenseits ist kein Ort irgendwo in der Welt – in der Erde oder in einem tiefen Wasser. Hier ist die Beschreibung eines Erlebnisses (Astralreise) bereits in ein eigenständiges Bild übergegangen, das sich aus einer Eigendynamik heraus und nicht mehr aus einer genauen Beobachtung heraus entwickelt hat – und deshalb auch keine präzise Beschreibung der Welt mehr ist wie es das Bild des Seelenvogels noch gewesen ist.

- Die **beiden Welten** wurden verschieden dargestellt: als die Welt auf der Erde und als die Welt unter der Erde, als die Menschenwelt und die Wasserunterwelt, als der Süden und der Norden, als der Tag und Nacht, als Yang und Yin, als Feuer und Eis. Im Süden war das warme, helle, von Feuer erfüllte Yang-Lebensreich – im Norden war das kalte, dunkle, von Eis erfüllte Yin-Totenreich.

Diese Zweiteilung der Welt hatte auch noch eine weitere Auswirkung auf das damalige Weltbild:

- Wie kommt man eigentlich ins Jenseits? Da jeder Menschen im Diesseits durch die Geburt ankommt, sollte das ja auch für das Jenseits gelten – es musste also auch eine Jenseits-Geburt, eine zweite Geburt, eine Wiedergeburt geben.

Diese Vorstellung setzte natürlich voraus, dass es im Jenseits auch eine Mutter gibt. Das konnte am ehesten eine bereits verstorbene Frau aus der eigenen Sippe sein – vorzugsweise die eigene Mutter. So entstand das Bild einer zweifachen Mutter: die Mutter der Diesseits-Geburt und die Mutter der Jenseits-Wiedergeburt.

Diese **zweifache Muttergöttin** wurde bereits in den Höhlenmalereien und in den Höhlengravuren dargestellt. Sie hat manchmal die Gestalt von zwei Frauenoberkörpern, die wie bei einer Skatkarte zusammengefügt worden sind und auf diese Weise deutlich die Mutter in der Menschenwelt und die Mutter in der Unterwelt darstellt. Eine andere Form, die sich bis heute erhalten hat, ist die Frau, die den linken Arm nach oben erhebt und mit ihrem rechten Arm nach unten weist. Diese Geste, die auf die beiden Welten hinweist, findet sich noch heute z.B. im Tarot bei dem „Magier" und bei dem „Teufel" und auch in der anthroposophischen Christengemeinschaft in der Anrufungsgeste des Priesters.

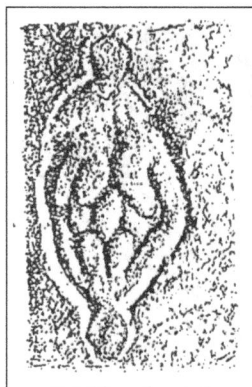			
Südfrankreich 30.000 v.Chr.	*Catal Höyük 9.000 v.Chr.*	*Göbekli Tepe (ein Arm oben, einer unten) 9000 v.Chr.*	*Ägypten (Säule mit zwei Gesichtern der Hathor) (1000 v.Chr.)*
Bilder der zweifachen Göttin			

Nachdem die Vorstellung entstanden war, dass der Seelenvogel auch noch nach dem Tod weiterexistiert, lag es nahe, sich auch noch nach dem Tod der eigenen Eltern an sie zu wenden und sie um Rat und Hilfe zu bitten – schließlich waren die eigenen Eltern damals der größte Rückhalt, den man im Leben hatte. Auf diese Weise ist der weltweit verbreitete Ahnenkult entstanden. Eigentlich ist die Bezeichnung „Ahnenkult" ein wenig irreführend, da sie suggeriert, dass die Lebenden etwas für die Toten tun – obwohl doch die Toten den Lebenden helfen.

Wenn man sich selber nicht zutraute, den Kontakt zu den toten Eltern herstellen zu können, wandte man sich naheliegenderweise an jemanden, der bereits eine Astralreise erlebt hatte, da dieser ja bereits das Jenseits kannte.

Nachdem diese Astralreisenden, die einen Nahtod erlebt hatten, dann diese Astralreise so lange übten, bis sie sie willentlich durchführen konnten, wurden sie zu einem der ersten spirituell-magischen Spezialisten: Sie wurden zu einem Schamanen.

Diese Form des Totenkultes, bei der man unter Anleitung eines „Profis" Hilfe bei den Ahnen sucht, hat sich lange Zeit als Spiritismus erhalten können. Mittlerweile hat er sich unter einem neuen Namen wieder eingebürgert und als hilfreiche Methode zur Selbstheilung bewährt: die Familienaufstellungen.

Die damaligen Sippen waren recht klein und bestanden nur aus gut einem Dutzend Menschen. Daher wird es nicht in jeder Sippe einen Schamanen gegeben haben. Wenn nun jemand eine Astralreise erlebt hatte und sich zum einem Schamanen weiterbilden wollte, der die Astralreise gezielt durchführen und den Kontakt zu den Ahnen herstellen kann, musste er sich umhören, in welcher Sippe es einen Schamanen gab, der ihm dabei helfen konnte.

Dadurch sind Kontakte zwischen den verschiedenen Sippen entstanden, die letztlich zu der Entstehung der Schamanenbünde geführt hat. Diese Bünde sind heutzutage am besten durch die Druiden bekannt, die sich – wie man aus „Asterix" weiß – hin und wieder im Karnutenwald treffen.

Diese Schamanenbünde waren die erste Organisation der Menschen, die über das Zusammenleben in Sippen hinausging: Sie waren der erste Verein ... und sie waren sogar nicht nur ein „e.V.", sondern ein „g.V.", da sie schließlich gemeinnützig waren.

Wenn nun die angehenden Schamanen die Astralreise übten, benutzten sie entweder die „laute" Technik der „Trommel und Tanz"-Ekstase oder die „leise" Methode der todesähnlichen Tiefentspannung. Beide Methoden führen jedoch nicht nur zur Astralreise, sondern auch zum Erwecken der Kundalini, also der im Körperinneren aufsteigenden Lebenskraft. Die Anleitungen zum Erlernen der Astralreise und die

Anleitungen zum Erlernen der Kundalini-Erweckung stimmen zu über der Hälfte überein. Das hat dazu geführt, dass die Schamanen schon ziemlich früh auch das Kundalini-Feuer entdeckten, das es ihnen ermöglichte, deutlich mehr Lebenskraft in sich zu aktivieren als es ohne dieses Erwachen der Kundalini möglich gewesen wäre.

Daher finden sich schon zu Beginn der Jungsteinzeit vor 12.000 Jahren Darstellungen von an einem Menschen aufsteigenden Schlangen und einem Kopf, an dem an der Rückseite eine Schlange aufsteigt. Auf diese Weise wird auch noch heute die Kundalini dargestellt.

Zu Beginn der Jungsteinzeit vor 12.000 Jahren findet sich die Schlange nicht nur als Ahnen-Symbol, sondern auch noch als Symbol der Lebenskraft, die die Ahnen aus der Erde zu den Lebenden empor senden (Kundalini). Diese Symbolik wird dadurch entstanden sein, dass alles Gute von den Eltern/Ahnen kam und weil die Kundalini eben im Menschen von unten nach oben hin aufsteigt. Es lag weiterhin nahe, auch noch den Weg zwischen Diesseits und Jenseits durch eine Schlange darzustellen – der Jenseitsweg ist ein „Schlangenweg".

Kundalini an Kopf, Nevali Cori, 9000 v.Chr.

Die ältesten bekannten Hütten der Menschen sind eine Million Jahre alt. Sie bestanden aus einer runden Steinmauer und darüber einer Kuppel aus Ästen und Laub. Sehr wahrscheinlich werden diesen Hütten einfachere Formen vorausgegangen sein, die nur aus Ästen und Laub bestanden haben.

Da diese Hütten die einzigen Innenräume waren, die die damaligen Menschen kannten, lag es nahe, die Hütte mit dem Mutterbauch, der ja auch ein „Innenraum" ist, zu assoziieren.

Als die sich Menschen vor 600.000 Jahren in Nordeurasien – damals noch der Homo erectus – vor der Kälte der beginnenden Eiszeit schützen wollten, lernten sie, diese Hütten durch Felle besser abzudichten und zudem in dem Feuer vor der Hütte Steine zum Glühen zubringen und sie auf dem Schulterblatt-Knochen z.B. eines Hirsches in die Hütte zu tragen, um sie zu beheizen. Als dann einmal versehentlich Wasser auf die heißen Steine gekommen war, entdeckte man, dass man sich auf diese Weise noch besser wieder aufwärmen kann. So wurde die Sauna erfunden.

Da die Hütte bereits mit dem Mutterbauch assoziiert worden war, saß man in dieser Sauna-Hütte also in dem wärmenden Mutterbauch. Das Motiv der Wiedergeburt durch die Jenseitsmutter unter der Erde legte es weiterhin nahe, diese Schwitzhütte als den Bauch der Jenseitsmutter-Erdgöttin aufzufassen.

Es kam noch ein weiteres Motiv hinzu: Da man damals nur bei den Eltern und den verstorbenen Eltern (also bei den Ahnen) Rat und Hilfe finden konnte, lag es nahe, auch sie in diese Schwitzhütte einzubeziehen – zumal es ja schon die Vorstellung gab, dass die Verstorbenen (d.h. ihre Seelen) unsichtbar bei der Sippe bleiben. Da diese Ahnen den Menschen Rückhalt gaben, lag es nahe, sich vorzustellen, dass die Ahnen hinter einem standen oder saßen. Da sich in einer damaligen Hütte hinter den in der Hütte sitzenden Lebenden die Außenwand der Hütte befand, wurden die Ahnen mit den senkrecht in der Erde steckenden Stäben, aus denen das Gerüst der Hütte aufgebaut wurde, assoziiert. So wurden die im Kreis stehenden Hüttenstäbe zu dem Symbol für die schützend rings um die Sippe stehenden Ahnen. Die Symbolik findet sich noch heute in den Schwitzhüttentraditionen.

Schließlich gab es noch die Tiere, die für die damaligen Menschen eine große Rolle spielten: das starke Großraubtier, das fruchtbare und zeugungsstarke Herdentier, der Seelenvogel und die Ahnenschlange. Auch sie wurden um Hilfe gebeten. In den heutigen Schwitzhütten wird die Schlange in den Westen, der Bär in den Norden, der Adler in den Osten und die Büffelfrau in den Süden einer Schwitzhütte gerufen.

Als der in Afrika entstandene Homo sapiens vor 50.000 Jahren von Afrika aus nach Europa eingewandert ist und dort den Homo erectus und den Neandertaler traf, entstand der erste größere „interkulturelle Austausch". Dies führte u.a. zu der

Herstellung der Frauenstatuetten, zu den Höhlenmalereien und zu dem Herstellen von Totempfählen, die im Prinzip einfach eine vergrößerte Version des Vogel-Stabes waren. Da es gleich zu Beginn der Jungsteinzeit vor 12.000 Jahren eine große Vielfalt von Motiven und Variationen auf den erhaltenen hölzernen und steinernen Totempfählen aus Sibirien und Nord-Mesopotamien gab, müssen diese Totempfähle schon damals eine lange Tradition hinter sich gehabt haben, in der sich diese Vielfalt entwickeln konnte. Diese Totempfähle finden sich überall außer in Afrika, woraus sich rückschließen lässt, dass sie erst nach der Auswanderung des Homo sapiens von Afrika nach Eurasien vor 50.000 Jahren dort erfunden worden sind.

Der Totempfahl selber war der Leib eines Menschen, der Vogel oben auf diesem Pfahl war sein Seelenvogel. Dies war das erste Kultsymbol.

Es lag nahe, auch die senkrecht im Kreis stehenden Stäbe des Schwitzhütten-Gerüstes als Totempfähle anzusehen. Als am Beginn der Jungsteinzeit um 10.500 v.Chr. in Göbekli Tepe in Nordmesopotamien die Schwitzhütten mit größerem Aufwand als Schwitzhüttentempel errichtet wurden, stellte man die Schwitzhütten-Stäbe als steinerne Totempfähle und als kubistisch geformte Menschen-Pfeiler dar. Hier ist es offensichtlich, dass die Ahnen im Kreis rings um die Lebenden stehen.

Diese teilweise aus Stein errichteten Tempel waren eine genaue Darstellung einer Mutter mit einem Kind in ihrem Bauch:

- ein innerer Mauerkreis mit Kuppeldach = das Kind

- ein äußerer Mauerkreis mit Kuppeldach = der das Kind umgebende Mutterbauch

- ein überdachter Gang, der zu dem äußeren Mauerkreis führt = die Vagina der Mutter

- eine schräge, lange Mauer zwischen den beiden Mauerkreisen = die Nabelschnur

- vor dem Eingang zwei steinerne Panther = die Kraft der Muttergöttin

(Rekonstruktion)

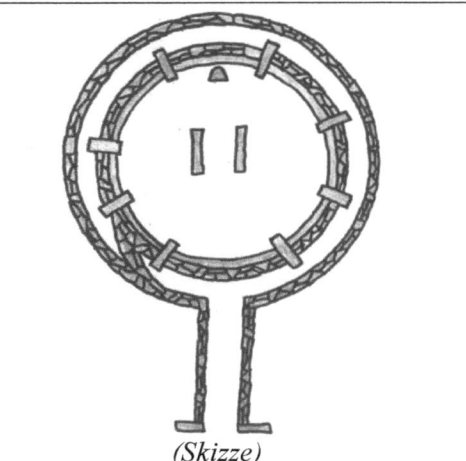
(Skizze)

Grundriß eines Schwitzhütten-Tempels, Göbekli Tepe, 9000 v.Chr.

Um 7.000 v.Chr. wurden diese Tempel vergrößert, weil die Sippen immer größer geworden waren. Über solch großen Tempeln konnte man jedoch kein Dach mehr errichten. Also stellte man nur die Ahnenpfeiler in einem Kreis auf und markierte auch den Gang zu diesem Kreis mit einigen Pfeilern. Auf diese Weise entstand die Megalithkultur mit ihren Steinkreisen. Diese Steine sind noch immer die Ahnen – die Steinkreise insgesamt sind stark vereinfachte, offene Schwitzhütten.

Da die Toten in der Erde begraben und im Erd-Jenseits von der Jenseitsmutter wiedergeboren wurden, entstand der Brauch, über dem Grab eine Schwitzhütte zu errichten, die vermutlich schon recht bald zu einem Reisighügel vereinfacht wurde. Diese Reisighügel wurden um 7.000 v.Chr. dann zu den Hügelgräbern aus Erde und Steinen weiterentwickelt. In ihrer Mitte befand sich die Grabkammer, zu der ein Gang führte – das ist derselbe Grundriss wie bei den Schwitzhütten-Tempeln. Auch die Schwitzhütten-Tempel selber wurden, wenn sie nicht mehr benutzt wurden, mit Erde und Steinen aufgefüllt, also begraben.

Aus diesem Grundriss – also die Kammer, um die die Ahnen-Steine stehen und zu der eine von Ahnensteinen beschützter Gang führt – entstand dann der Grundriss der Tempel der Sumerer, der Babylonier, der Ägypter und der Indogermanen (Kelten, Germanen, Griechen, Römer, Inder, Perser, Hethiter usw.): ein Innenraum mit dem Götterbild, der von Säulen umgeben ist und zu dem ein kurzer Gang führt.

Bei den frühen christlichen Kirchen standen die Säulen nicht mehr rings um die Götter-Kammer, sondern innen in der Kirche. Der Grund dafür war, dass sich große

14

Räume damals nicht ohne Stützsäulen errichten ließen und die Kirche für ihre Bauten die römischen Gerichts- und Markthallen zum Vorbild genommen hat. Die Bedeutung der Säulen als Ahnen blieb jedoch teilweise erhalten, da vor diesen Säulen des öfteren Heilige stehen.

Die alte Symbolik der Vogel-Stäbe, der Totempfähle, der Ahnen-Pfeiler, der Menhire und der Säulen blieb jedoch bis in die christliche Tradition hinein in der Form des Grabsteins erhalten.

In ganz Eurasien und auch noch in Hawaii hat sich die Vorstellung über die Ahnen und auch über die Ahnensteine noch einmal weiterentwickelt – vermutlich in der Jungsteinzeit. Diese Weiterentwicklung folgte einer schlichten Logik: Die Toten werden wiedergeboren – also sind sie klein wie Kinder. Die Toten sind jedoch erst in hohem Alter gestorben und sind auch noch im Jenseits noch immer alt und tragen daher also Bärte. Folglich konnte man die Ahnen als bärtige Kinder darstellen: als Zwerge. Daher sind in Eurasien, auf Hawaii und noch an einigen anderen Orten die Ahnensteine bzw. Totempfähle nur so groß wie kleine Kinder.

Eine letzte Sache kann hier noch erwähnt werden. In der Eiszeit ist es in Eurasien sehr kalt gewesen. Das bedeutete, dass die Neugeborenen eine größere Überlebenschance hatten, wenn sie zu Frühlingsanfang geboren wurden, da sie dann im nächsten Winter schon ein halbes Jahr alt waren. Aus diesem einfachen Zusammenhang ergibt sich bei den größeren Tieren in den Kaltzonen der Erde die Paarungszeit, die stets so liegt, dass die Jungen zu Frühlingsanfang zur Welt kommen.

Da die Schwangerschaft bei den Menschen neun Monate dauert, musste die Paarungszeit neun Monate vor Frühlingsanfang, also an Mittsommer liegen. Es lassen sich noch heute reichliche Überreste dieses alten Paarungsfestes in Eurasien und bei den Indianern in Nordamerika feststellen. Zwei Überbleibsel in Europa sind die Walpurgisnacht am 1. Mai und der Karneval. Die Zeitpunkte dieser beiden Feste haben sich jedoch nach und nach ein wenig verschoben.

Bei diesem Zeugungsfest werden sich vermutlich – wie auch von den noch in historischer Zeit auf steinzeitliche Weise lebenden Völkern bekannt ist – mehrere Sippen getroffen haben.

Es lässt sich also sagen, dass fast alle Menschen in Nordeurasien und Nordamerika während der 600.000 Jahre dauernden Eiszeit das Sternzeichen Widder gehabt haben – und ab und zu auch mal Fisch oder Stier waren …

Der Segen, den man von dem Schamanen in dem Tempel der Erfahrungen erhält, ist die Gewissheit.

Die bisherigen Betrachtungen über die Ursprünge der Religion zeigen deutlich die Notwendigkeit, zwischen dem eigentlichen Erlebnis, der Beschreibung dieses Erlebnisses und der Weiterentwicklung dieser Beschreibung zu unterscheiden.

Die Astralreise ist ein Erlebnis. Ihre Beschreibung als „Ich war dabei wie ein Vogel." ist einfach ein anschaulicher Vergleich. Doch die Schlussfolgerung, dass Seelen wie Vögel aussehen oder Flügel haben, ist falsch – die Seelen bzw. Totengeister sehen wie Menschen aus.

Der Tod ist eine Tatsache – und ebenso ist die Bestattung in der Erde ein weitverbreiteter Brauch. Doch es wäre ein Irrtum zu erwarten, dass man auf dem Weg ins Jenseits den Ahnen in der Gestalt von Schlangen zu begegnen würde.

Es ist naheliegend, die aufsteigende Kundalini als Gabe der Ahnen anzusehen, da sie eben „von unten her" aufsteigt. Es ist ebenfalls ein naheliegendes Bild, dieser aufsteigenden Hitze, die vermeintlich von den Schlangen-Ahnen über den Schlangen-Weg zu dem Lebenden emporsteigt, ebenfalls die Gestalt einer Schlange zu geben – zumal sie so langsam aufsteigt wie ein Schlange manchmal kriecht. Doch es wäre falsch, die Kundalini tatsächlich für eine Schlange zu halten.

Der Mangel an Unterscheidung zwischen Erlebnis, Bild und Schlussfolgerung aus dem Bild ist die Ursache für viele religiöse Konflikte.

- Alle, die konkrete Erlebnisse und Methoden miteinander vergleichen – völlig unabhängig von ihrer Religion – werden sich immer sehr schnell einig, weil sie eben dasselbe Erlebnis beschreiben und daher auch zu ähnlichen Methoden gelangen, wie man dieses Erlebnis hervorrufen kann.

- Alle, die Bilder miteinander vergleichen, können erkennen, warum der andere ein bestimmtes Bild zur Beschreibung eines Erlebnisses verwendet.

- Wenn jedoch die Weiterentwicklungen von Bildern miteinander vergleichen werden, gibt es keine Einigkeit mehr, sondern Widersprüche. Daher bricht dann, wenn man die Weiterentwicklung eines Bildes für die Realität hält, Streit aus …

Welches Lebensgefühl haben die Menschen in den verschiedenen Epochen gehabt? Das lässt sich zumindest noch ungefähr rekonstruieren.

- In der **Altsteinzeit** lebten die Menschen als Teil der Natur in der Natur. Es gab daher keine klare Abgrenzung zwischen Ich und Welt. Es konnte jederzeit ein Bär hinter dem nächsten Baum hervorkommen, mit dem man dann zurechtkommen musste … Da gab es keine Abgrenzung.

In der Sippe fühlte man sich sicher – man war ein untrennbarer Teil der Sippe. Dieses Gefühl der Geborgenheit drückt sich auch durch das Schwitz-hütten-Ritual aus.

- In der **Jungsteinzeit** erschufen die Menschen Inseln der Kultur in dem Meer der Natur, auf denen sie Ackerbau und Viehzucht betrieben. Dadurch waren sie viel stärker an den Rhythmus der Jahreszeiten und an die Erde selber gebunden. Die beiden wichtigsten Götter in dieser Zeit waren neben der Muttergöttin der Wildnisgott und der Korngott, die als zwei Brüder aufgefasst wurden.

Es entstand folglich ein Lebensgefühl des Zyklus, der Wiederholung, des geregelten Ablaufs, der Ordnung, der Richtigkeit … Diese allgemeine Ordnung – und auch die Folgen der Störung dieser Ordnung – wurden in den Mythen erzählt.

- In der Epoche des **Königtums** wurden die Insel der Kultur deutlich vergrößert und es wurde eine Zentralverwaltung eingerichtet, deren wichtigste Aufgabe es gewesen ist, die Bewässerung aller Felder zu koordinieren, wodurch dann die Erträge der Felder sowohl größer als auch sicherer wurden.

In der Religion entstand dabei aus dem Korngott, dem Urriesen (erster Mensch) und dem Sonnengott ein Göttervater, der sich dann nach und nach zu dem „Einen-Einzigen-Alles"-Gott des Monotheismus entwickelte.

In der Weltanschauung entstanden die für alle verbindlichen Königs-Gesetze und die Philosophie, die alles von einem ersten Ursprung herleitet.

Diese allgemeine Zentrierung auf eine alles gestaltende Mitte hin ließ auch in dem Einzelnen ein klareres Ich entstehen. Dadurch bildete sich nach und nach auch die Einsicht, selber für sein eigenes Wohlergehen verantwortlich zu sein und nicht mehr – wie in den beiden vorigen Epochen – auf das Schicksal oder die Götter hoffen zu können.

- In der Epoche des **Materialismus** steht der Einzelne einzeln da und schaut als Subjekt auf die Welt, die ganz zum Objekt geworden ist. Die Eingebundenheit in die Welt als Ganzes hat sich in dieser Epoche weitgehend aufgelöst. Daraus ist das Lebensgefühl der Vereinsamung entstanden.

- In der heutigen Epoche der **Globalisierung**, die in etwa gegen Ende des Zweiten Weltkrieges begonnen hat, stehen wir vor der Aufgabe, als Menschheit zu denken und zu handeln, also uns kollektiv wie Erwachsene zu verhalten. Das Lebensgefühl ist daher von der Verantwortung für das Ganze und von dem Vertrauen in das Ganze geprägt.

Der Weg zu dem Tempel der Erfahrungen führt über die Brücke der Offenheit und durch das Tor des Mutes.

Die frühe Stufe der Religion in der Altsteinzeit gibt es heute nur noch bei den Naturvölkern. Allerdings hat sich der Schamanismus als integraler Bestandteil der heutigen kreativen religiösen Untergrundströmungen schon recht fest etabliert. Auch Traumreisen und Familienaufstellungen („Ahnenkult") sind mittlerweile wieder gut bekannt geworden.

Die Grundhaltung der Altsteinzeit – die Dinge ohne intellektuellen Überbau zu sehen, wie sie sind – ist auch heute noch immer dringend notwendig. Dieser Ansatz kann es ermöglichen, vom „Streit zwischen den Dogmen" wieder zu dem „Vergleichen von Erlebnissen" zurückzukehren. In dieser bodenständigen Sichtweise liegt ein großes Entwicklungspotential, da man dadurch die Religion – oder zumindest die Realität vieler religiöser Erlebnisse – wieder auf deutlich festere Füße stellen kann.

Was sind Deine eigenen Erfahrungen?

2. Nutzen

ŏ

Der zweite Tempel der Religionen ist der Tempel der Hilfe.

Wann hat Religion einen Nutzen? Wenn man sie im Alltag anwenden kann und sie den Alltag leichter und lebenswerter macht.

In der Altsteinzeit hat man sich an die Ahnen gewendet, in der Jungsteinzeit an die Götter, im Monotheismus an den Einen Gott, im Materialismus an die Psychologen, Ärzte und Sozialarbeiter, und in der heutigen Epoche der Globalisierung suchen wir noch nach einer gut funktionieren Synthese der Ahnen, der Götter, des Einen Gottes, der Psychologen/Ärzte/Sozialarbeiter, die zusätzlich auch noch den Aspekt der Globalisierung (Ökologie) beachten müssen.

Diese neuen Helfer der Epoche der Globalisierung sind eine Synthese der Schamanen der Altsteinzeit, der Ritual-Leiter der Jungsteinzeit, der Priester des Monotheismus, der Psychologen/Ärzte/Sozialarbeiter des Materialismus und der Ökologen der Epoche der Globalisierung.

Der Priester in dem Tempel der Hilfe ist der Weise.

Man kann die Entwicklung religiöser Motive in den Weltbildern der verschiedenen Völker beobachten. Sie hat überall in etwa dieselbe Dynamik:

- Sie beginnt mit eigenen Erlebnissen,

- die dann bildhaft beschrieben werden.

- Diese Bilder werden nach und nach zu einer Standard-Beschreibung,

- die sich zu einer Mythe weiterentwickelt,

19

- die wiederum als Grundlage für auf diesen Bildern aufbauenden Ritualen dient;

- wobei schließlich einzelne Elemente aus Mythe und Ritual für Zaubersprüche verwendet werden.

- Nachdem die ursprüngliche Religion durch eine neue Religion abgelöst worden ist, werden die Motive und Rituale der ursprünglichen Religion als „böse" und „dämonisch" beschrieben und auf diese Weise weitgehend aus dem kollektiven Bewusstsein und aus dem kollektiven Alltag verdrängt.

Das Problem solcher Entwicklung ist vor allem, dass dadurch die früheren Stadien der religiösen Entwicklung verdrängt werden und die neue Religion letztlich ihre alten Wurzeln abschneidet. Dieser kollektive Vorgang hat dieselbe Wirkung wie im individuellen Bereich das Verdrängen der eigenen Kindheit und aller Erlebnisse und Möglichkeiten, die es in der Kindheit gegeben hat. Das Ergebnis dieses Verdrängens ist sowohl in kollektiver als auch in individueller Hinsicht eine Verringerung der Lebendigkeit und ein zunehmender Realitätsverlust. Beides ist nicht gerade förderlich und führt in vielen Fällen zu Fixierungen, Fanatismus und folglich auch zu Gewalt.

Die Bilder, die in der Altsteinzeit und in der Jungsteinzeit entstanden sind, werden immer wieder einmal noch ein Stück weiterentwickelt:

- Vermutlich hat es bereits in der Altsteinzeit die Beobachtung des Sonnenlaufs gegeben, da man nur von dem Stand der Sonne am Himmel die Himmelsrichtungen sowie die ungefähre Zeit am Tag abschätzen konnte.

Der Sonnenlauf hat auch zu einem Gleichnis geführt: 1. Der Sonnenaufgang im Osten entspricht der Geburt und dem Keimen der Saat; 2. die Mittagssonne im Süden entspricht dem Leben und dem Wachsen des Getreides; 3. der Sonnenuntergang im Westen entspricht dem Tod und der Ernte; 4. die „Schwarzsonne" im Norden entspricht dem Aufenthalt in der Unterwelt und dem Lagern der Saat.

Aufgrund dieser Symbolik befindet sich der Eingang der Schwitzhütten-Tempel von Göbekli Tepe, der Hügelgräber und der meisten Steinkreise im Süden: Man kommt von der Welt der Lebenden im hellen Süden („Yang") zu der Welt der Toten im dunklen Norden ("Yin"), und die Toten kommen vom dunklen Norden zu ihren Nachkommen im hellen Süden.

Dieser Weg zwischen Diesseits und Jenseits hat zu einem der ältesten abstrakten Symbole geführt:

	 (Geburt)  (Tod)	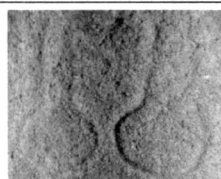	
H: Diesseits und Jenseits; Göbekli Tepe, 9.000 v.Chr.	Diesseits und Jenseits; Çatal Höyük, 7.000 v.Chr.	zwei Kreis, die mit einem Bogen verbunden sind; Menhir in Almendes, Portugal 6000v.Chr.	zwei Kreise, die mit einem Bogen verbunden sind; Hügelgrab in Kivik, Germanen, 1.000 v.Chr.

- Vermutlich ist auch schon ziemlich früh die gleiche Dauer des Menstruationszyklus und es Mondzyklus bemerkt worden. Ob sich daraus allerdings eine Mythe o.ä. Ergeben hat, ist unklar. In den frühen Überlieferungen ist davon kaum etwas zu finden.

- Wenn es analog zu der Geburt im Diesseits eine Wiedergeburt im Jenseits gibt, sollte ihr auch eine Wiederzeugung vorausgehen und ein Wiederstillen folgen. Diese beiden Motive haben eine reichhaltige Mythologie hervorgerufen.

Wenn sich der Tote im Jenseits zusammen mit der Jenseitsgöttin selber wiederzeugen muss, um anschließend von ihr wiedergeboren zu werden, hat der Tote im Jenseits den maximalen Stress beim Sex mit der Göttin: kein Orgasmus – keine Wiedergeburt … endgültig tot. Angesichts einer derart fatalen Situation ist es kein Wunder, dass man sich Hilfsmittel einfallen lassen hat, um die erfolgreiche Wiederzeugung abzusichern.

Die größte Zeugungskraft haben offensichtlich die Herdentiere, da sie ja viele Nachkommen haben. Also tötete man beim Tod eines Mannes ein Pferd, einen Hirsch, einen Ziegenbock o.ä. und wickelte den Toten dann in das Fell dieses Tieres ein. Dadurch nahm er eine Tier/Mann-Mischgestalt an: ein Stier-Mann wie der Minotaurus, ein Pferdemann wie die Centauren, eine Hirsch-Mann wie Cernunnos, ein Widder-Mann wie der ägyptische Gott Chnum, ein Ziegenbock-Mann wie Pan, ein Eber-Mann wie der germanische Freyr usw.

Bei dieser Vereinigung musste die Göttin natürlich ebenfalls diese Tiergestalt annehmen. Dadurch sind die Paar-Verwandlungen von Göttern und Menschen in Stier und Kuh, Hengst und Stute, Hirsch und Hindin, Widder und Schaf, Bock und Ziege, Eber und Sau, Keiler und Bache usw. entstanden. Diese Paare finden sich z.B. als Freyr und Freya (Wildschweine) oder als Poseidon und Demeter (Pferde).

Die Vorstellung der Wiederzeugung führte jedoch zu einem Widerspruch: Wenn die Jenseitsgöttin neun Monate lang mit dem Toten zwischen Wiederzeugung und Wiedergeburt schwanger ist, kann nur ein Toter pro Jahr wiedergeboren werden – aber es sterben mehr als nur ein Mann pro Jahr … Also muss die Jenseitsgöttin in der Lage sein, ihre Gestalt zu vervielfältigen. So entstanden die Hathoren bei den Ägyptern, die Walküren bei den Germanen, die Dryaden bei den Griechen, die Apsaras bei den Indern usw.

Das Motiv der Wasserunterwelt führte außerdem dazu, dass diese vervielfältigten Göttinnen im Wasser lebten. Die Kombination von Frauen, Wasser, Tod und Wiederzeugung ließ dann das Motiv der verführerischen und todbringenden Wasserfrauen wie z.B. der Lorelei entstehen.

William Waterhouse: Hylas und die Nymphen

Wie die Frauen im Jenseits wiedergeboren wurden, wird auffälligerweise nirgendwo beschrieben …

Das Wiederstillen wird in den frühen schriftlich überlieferten Mythen oft dargestellt. So wird z.B. der tote Pharao bei seiner Ankunft im Jenseits von der Göttin Hathor gestillt. Diese „Milch der Göttin" hat sich nach einer Weile zu dem Ritualtrank mit dem Rezept „Milch und Honig" weiterentwickelt – das Jenseits-Paradies ist daher „das Land, in dem Milch und Honig fließen". Etwas später kamen dann auch noch eine Reihe von Kräutern zu dem Rezept hinzu und der Trank selber wurde als das angesehen, was unsterblich macht, wenn man ihn im Ritual trank, d.h. der die spätere Wiedergeburt im Jenseits absicherte.

Dieser Trank erscheint bei den Ägyptern im Ritual als der „Trank der Hathor", bei den Indern als Soma amrita („Unsterblichkeits-Trank"), bei den Griechen als „Nektar ambrosia" („Unsterblichkeits-Honigtrank"), bei den Germanen und Kelten als Göttermet (Honigwein), bei den Mayas als Balché, bei den Christen als Abendmahls-Wein usw. Schließlich wurde aus diesem die Wiedergeburt absichernden Ritual-Trank bei den Alchemisten in Europa und Indien das Lebenselixier.

- Der Tageslauf der Sonne wurde der Geburt, dem Leben und dem Tod des Menschen gleichgesetzt. Daher konnte man auch die Sonne als Seelenvogel darstellen – daraus entstand in Ägypten und in Persien die Flügelsonne. Da die Sonne offensichtlich feurig ist und das Morgenrot und das Abendrot als Feuer am Horizont umschrieben werden konnte, starb der Sonnenvogel abends im Feuer und wurde morgens im Feuer wiedergeboren.

Auf diese Weise entstand in Ägypten das Motiv des Phönix („Bennu-Vogel") und bei den Slawen der Feuervogel. Diese Feuer wurden möglicherweise auch mit dem aufsteigenden Kundalini-Feuer assoziiert, das man ja auch erleben kann, wenn man die Astralreise übt, also „zu einem Seelenvogel wird".

- Es gab das Bild der Toten als Vögel und es gab das Bild der Toten als Schlangen. Was lag da näher, als diese beide Symboliken zu einer Flügel-schlange zu vereinen? So entstand der Drache. In Mittelamerika entspricht die gefiederte Schlange Quetzalcoatl dem eurasiatischen Flügel-Drachen.

Als dieser Drache auch mit der Phönix/Feuervogel-Symbolik der Sonne verbunden wurde, entstand der feuerspeiende Drache, wobei das Feuer des Drachen auch die Kundalini sein oder aus dem Brauch der Brandbestattung stammen könnte.

Später wurde diese Symbolik vor allem in China noch weiter ausgebaut: Es kamen noch das Maul, die Mähne und die Beine des Tigers (Stärke), das

Geweih des Hirsches (Herdentier bei der Wiederzeugung) und die Barteln des Wels (Seele als Wasserunterwelt-Fisch) hinzu.

Dieser Drache ist folglich das Gesamtbild der Wiedergeburts-Symbolik.

Der Segen, den man von dem Weisen in dem Tempel der Hilfe erhält,
ist ein genussreiches Leben.

Die religiöse Bilderwelt hatte mittlerweile ziemlich große Ausmaße erreicht und war schon ziemlich weit von einer Beschreibung von konkreten Erlebnissen entfernt. Diese Mythen, die eigentlich nützliche Beschreibungen der Welt sein sollten, entwickelten eine Eigendynamik, die zum Teil überhaupt nichts mehr mit der Realität zu tu hatte.

So wurde es z.B. bei vielen indogermanischen Völkern – aber nicht nur bei ihnen – üblich, für den toten Fürsten oder König, den man bestattete, eine oder mehrere Frauen zu töten, die die Aufgabe hatten, ihm im Jenseits als Frau für seine Wiederzeugung zur Verfügung zu stehen.

Es entstand daher in zunehmendem Maße die Notwendigkeit, die ganzen Mythen und Rituale wieder zu versachlichen und wieder an die eigentlichen Erlebnisse wie der Astralreise, den Kontakt zu den Ahnen oder der Telepathie anzuschließen.

Wonach würdest Du im Tempel der Hilfe fragen?
Worum würdest Du dort bitten?

Die Religionen wurden in jeder Epoche durch die jeweilige Lebensweise geprägt. Die Religionen spiegeln die Lebensweise wider. Das bedeutet jedoch nicht, dass die Religionen nur die Beschreibungen der jeweiligen Lebensweise sind, sondern nur, dass die Lebensweise der Menschen zum einen das zentrale Thema der Religion war und zum anderen auch die Bilderwelt war, durch die man diese Religion beschrieb.

In der Altsteinzeit war dies die Jagd, in der Jungsteinzeit war dies der Ackerbau und die Viehzucht, im Königtum war dies die Zentralverwaltung, im Materialismus waren dies die Naturwissenschaften und die Technik, und in der derzeitigen Epoche der Globalisierung ist dies die Erhaltung der Erde und aller Prozesse auf ihr in einem stabilen und dauerhaften Gleichgewicht.

Der Weg zu dem Tempel der Hilfe führt über die Brücke des offenen Herzens und durch das Tor der offenen Hand.

Die Götter und Mythen der Religionen des magisch-mythologischen Weltbildes der Jungsteinzeit sind die Urbilder im kollektiven Unterbewusstsein der Menschen: Geburt, Leben, Tod; Sexualität; die eigene Seele; die Ahnen und die Götter, von denen man Rat und Hilfe erhalten kann; usw.

Diese Bilder sind sehr wertvoll, doch sie sind teilweise nicht mehr so ganz realitätsnah, weshalb man dann, wenn man ihnen in Träumen, Meditationen, Traumreisen u.ä. begegnet, genau schauen sollte, was man da erlebt und wie man damit umgeht.

Was sind Deine eigenen Hilfsmittel?

3. Vielfalt

♊

Der dritte Tempel der Religionen ist der Tempel der Möglichkeiten.

Wann hat Religion eine Vielfalt? Wenn man nicht nur weiß, dass es viele Formen der Religion gibt, sondern zumindest auch schon ein paar verschiedenen Religions-Formen näher kennengelernt hat.

Wenn man die Vielfalt kennenzulernen beginnt, kann man auch deutlicher die Möglichkeiten sehen, die die Religion bietet. Es gibt nicht nur viele verschiedene Möglichkeiten, gleiche Erlebnisse zu beschrieben, sondern auch viele verschiede Möglichkeiten, etwas zu erreichen. Dabei ist der Übergang zwischen Religion (sich an eine Gottheit wenden), Mediation (sich selber in einen anderen Zustand bringen) und Magie (etwas mit der eigenen Lebenskraft bewirken) ausgesprochen fließend.

Man kommt letztlich nicht umhin, verschiedene Möglichkeiten auszuprobieren und das auch im Stil von verschiedenen Religionen oder spirituell-magischen Lehren zu tun, um herauszufinden, was für einen selber am besten funktioniert und einen selber zu den erwünschten Ergebnissen bringt. Möglicherweise kommt man auch zu dem Schluss, dass bei verschiedenen Anliegen verschiedene Religionen und Lehren verschieden viel Information und Anleitung bieten – nicht alle Religionen sind auf allen Gebieten gleichermaßen „Spezialisten".

Die Priesterin in dem Tempel der Möglichkeiten ist die Forscherin.

Natürlich sagt fast jede Religion und jede Lehre, dass sie – und nur sie allein – recht hat. Es ist jedoch unwahrscheinlich, dass nur eine Religion oder Lehre recht hat und sich alle anderen irren. Es ebenfalls unwahrscheinlich, dass eine Religion oder Lehre überhaupt nichts richtig erkannt hat.

Letztlich gibt es nichts, was irgendjemand erzählt oder aufgeschrieben hat oder was irgendwo in Stein gemeißelt steht, was nicht ganz am Anfang als Gedanke, Idee oder Intuition in einem Menschen entstanden ist. Folglich ist alle Religion auch Menschenwerk – und bei Menschenwerk sollte man vorsichtig sein und sich alles genau anschauen. Das bedeutet nicht Misstrauen wegen einer vermuteten bösen Absicht, sondern einfach nur, das eigene Erfahrung immer verlässlicher ist als das, was man nur von anderen hört.

Vor allem in den monotheistischen Religionen wird oft gesagt, dass das, was ein Prophet o.ä. gesagt hat, von Gott kommt. Das mag ja durchaus auch so sein, aber das, was man als Außenstehender hat, sind lediglich die Worte dieses Propheten – und man kann nicht wissen, wie sie in ihm entstanden sind. Und dem Propheten einfach zu glauben, dass diese Worte von Gott kommen, weil der Prophet sagt, dass sie von Gott kommen, ist als Beweis eigentlich doch ein bisschen mager.

Interessanter ist es da schon, wie die Befolgung dieser Worte auf einen selber wirkt. Sind sie ein gutes Werkzeug, um zu einem besseren Leben zu gelangen? Dann sollte man diese Worte befolgen, denn alles andere wäre offensichtlicher Unsinn. Und wenn das Befolgen dieser Worte keine bereichernde Wirkung im eigenen Leben hat? Warum sollte man sie dann befolgen? Nur eine gute „Betriebsanleitung für das Leben" ist hilfreich.

Man sollte auch bedenken, dass dann, wenn das Befolgen von Regel 1 und 2 und 3 eine gute Wirkung im eigenen Leben hat, dasselbe nicht notwendigerweise auch für Regel 4 bis 9 zutreffen muss.

In vielen früheren Kulturen gab es den Zweikampf oder den Zauberer-Wettstreit als beliebtes Mittel, um die Wahrheit herauszufinden. So hat z.B. der Prophet Elias die Baals-Priester im Zweikampf besiegt – und damit bewiesen, dass sein Gott Jahwe stärker als Baal war … was damals noch dasselbe gewesen ist wie zu beweisen, dass Elias recht hatte. Macht = Recht …

Auch in der Politik war dies durchaus üblich. So hat z.B. in der frühen Zeit des Römischen Reiches oft der Anführer eines römischen Heeres mit dem Anführer eines keltischen Heeres einen Zweikampf durchgeführt, um die Schlacht zu entscheiden – in Bezug auf das Heer war das eine durchaus humane Angelegenheit, da es bei diesem Verfahren in der Regel nur einen einzigen Toten gab: einen der beiden Heerführer. Diese „Gottesurteile" wurden den römischen Heerführern allerdings schon bald von den römischen Senatoren verboten, da diese Senatoren mehr auf die Stärke des Heers als auf die Stärke ihrer Heerführer vertrauten.

Doch auch diese früher weit verbreitete Form der Wahrheitsfindung ist letztlich nur ein Vergleich der körperlichen oder religiös-magischen Stärke der beiden Kontrahenten. Über den Wahrheitsgehalt der von ihnen vertreten Religion oder Lehre sagt ein solcher Sieg nicht viel aus – eher über die beiden Kämpfer. Allerdings haben die Ausgänge solcher Zweikämpfe oft beträchtliche Auswirkungen auf die weitere Entwicklung der Religionen in dem betreffenden Gebiet gehabt.

Das religiös-spirituell-magische Weltbild hat sich ständig weiterentwickelt und verschiedene Systeme der Omen-Deutung und auch unterschiedliche Orakel wie das Tarot oder das I Ging hervorgebracht; es sind ganze System wie die Astrologie oder die Kabbala entwickelt worden, es sind komplexe Lebenskraft-Beschreibungen wie das Chakren-System oder die Akupunktur-Meridiane entwickelt worden; es wurden viele verschiedene Meditations-Anleitungen niedergeschrieben … Man steht also vor einer großen Vielfalt von religiösen, spirituellen und magischen Informationen und Anleitungen und kommt nicht darum herum, diese auszuprobieren, um zu sehen, was für einen selber passt und was nicht.

Bin ich ein guter Astrologe? Kann ich Wahrträume bewusst hervorrufen? Sind spiritistische Sitzungen hilfreich für mich? Kann ich mit Traumreisen verlorene Gegenstände wiederfinden? Kann ich mit Reiki Krankheiten heilen? Kann ich die Wurzeln der Probleme von anderen Menschen schnell erfassen? Habe ich ein Talent dafür, den Zufall zu lenken? Fühle ich mich im Christentum oder im Islam wohler? Entspricht mir Krishna mehr als Baldur? … Hier gibt es eine endlos lange Reihe von Fragen, die niemand außer man selber sich beantworten kann – und dafür muss man eben vieles ausprobieren …

Das ist in der Religion nicht anders als in jedem Wissensbereich und auch nicht anders als in jedem Handwerk …

Der Segen, den man von der Forscherin in dem Tempel der Möglichkeiten erhält, ist das Wissen.

Es besteht daher die Notwendigkeit, die Vielfalt der Religionen und der spirituell-magischen Lehren pragmatisch anzugehen und selber zuschauen, was gut funktioniert – und das dann auch zu nutzen, um den eigenen Lebensalltag zu verbessern.

Wie überall im Leben gilt auch hier: Wissen allein ist nur wenig wert – man muss es auch in die Tat umsetzen.

Wonach würdest Du im Tempel der Möglichkeiten fragen?
Worum würdest Du dort bitten?

In jeder Epoche sind neue Dinge entdeckt und entwickelt worden. Dazu zählen auch die Formen der Logik bzw. die Art und Weise, auf die Dinge zu schauen. Das prägt wiederum das Weltbild und somit auch die Religionen der Menschen in dieser Zeit.

- In der **Altsteinzeit** haben die Menschen vermutlich hauptsächlich die einfachste Form der „Datenverarbeitung" benutzt: die Assoziationen. Durch die Assoziation, also durch die Fähigkeit, beim Anblick einer Sache, eines Menschen oder eines Ereignisses sich an alle Dinge zu erinnern, die man mit derartigen Dingen, Menschen oder Ereignissen schon einmal erlebt hat, ermöglicht eine schnelle Orientierung, das Lernen von neuen Verhaltensweisen und das Ausbilden von Urbildern.

Das wichtigste Bild in dieser Zeit wird die Mutter gewesen sein – in dieser Epoche sind viele Frauen als Bild, Gravur und Statuette dargestellt worden. In der Religion ist dies die Muttergöttin.

In der **Jungsteinzeit** haben die Menschen in den deutlich größeren Gemeinschaften, in denen man nicht mehr jeden Einzelnen durch konkrete Erlebnisse gut genug kennen konnte, den Vergleich erfunden: Alle Schmiede sind kräftig, alle Zimmermänner sind sorgfältig, alle Jäger werden schnell wütend, alle Mütter sind fürsorglich und dergleichen mehr.

Aus diesen Vergleichen ergab sich ein Weltbild der Analogie, also eine Tradition und eine Mythologie. Es gab eine Geschichte, die die Welt beschrieb und zugleich zeigte, wie man sich wann am besten verhält.

Die wichtigsten Bilder stammen aus dem Ackerbau – der Korngott und der Wildnisgott. Diese beiden Götter und die Vielzahl der anderen Götter, die alle ein bestimmtes Thema beschreiben, sind das Gerüst der Religionen, die aus dieser Zeit stammen. Für diese Epoche ist eine Vielzahl von Göttern typisch – je mehr Götter und Göttinnen, desto genauer die Weltbeschreibung durch sie …

In der Epoche des **Königtums** sind die Gemeinschaften noch einmal deutlich größer geworden und sie werden zentral durch einen König und die ihm untergeordnete Verwaltung gelenkt. Dadurch entstanden Regeln, Gesetze und Formulare, die für alle in gleichem Maße galten. Es wurde also ein schlüssiges und in sich logisches Gesamtsystem erschaffen, an das sich alle halten mussten.

In der Religion entspricht dem der Monotheismus, der sich über mehrere Stufen aus der vorigen Epoche entwickelt hat: „viele Aufgaben-Götter – Götter-Familien – Götter-Hierarchien – die Vielheit der Götter als Kinder eines Gottes – die Vielheit der Götter als Aspekte des einen Gottes – ein Gott und seine Diener – ein Gott".

Die monotheistischen Religionen zeichnen sich dadurch aus, dass sie 1. Gesetze haben, die von allen befolgt werden müssen (Zehn Gebote); dass sie 2. eine strenge Hierarchie haben, die alles bestimmt; und dass sie 3. den Anspruch haben, „die allein seligmachende Lehre" zu sein.

Aus diesem Prinzip ergibt sich, dass diese Religionen missionieren und das Ziel haben, alle „Ungläubigen" zu dem eigenen Glauben zu bekehren – so wie Könige in ihrem eigenen Reich alles bestimmen und leicht in eine Allmacht-Sucht verfallen können.

In der Epoche des **Materialismus** wird die Religion als irrational beiseite geschoben und bestenfalls noch als soziale Einrichtung geduldet. Die Grundlage des Weltbildes ist die sachliche Analyse.

Der Nachfolger der Religionen in dieser Epoche ist die Psychologie, die jedoch nur selten wirklich einen solchen Rückhalt wie die Religionen geben kann. Allerdings hat es schon früh in der Psychologie auch Ansätze gegeben, auch die Religionen bzw. die magischen Phänomene wieder in das Weltbild zu integrieren. Der bekannteste Ansatz stammt von C.G. Jung, dessen Konzept des „kollektiven Unterbewusstseins" die Götterwelt wieder in die Psychologie integriert hat und der auch die magischen Phänomene teilweise durch das Konzept der Synchronizitäten wieder in saloonfähig gemacht hat.

In der **Epoche der Globalisierung**, die ungefähr mit dem Ende des Zweiten Weltkrieges begonnen hat, sind Gesamtbetrachtung das wesentliche Orientierungs-Hilfsmittel geworden.

Das Weltbild und auch die Religionen werden dadurch ökologisch und ganzheitlich geprägt. Doch dieses Weltbild steckt noch immer in den Kinderschuhen.

Die vorliegende Buch-Reihe ist der Versuch, ein wenig zu der Entwicklung dieses Weltbildes, das auf Vertrauen und Verantwortung beruht, beizutragen.

Der Weg zu dem Tempel der Möglichkeiten führt über die Brücke der Neugier und durch das Tor der Aufmerksamkeit.

Es ist nun keineswegs notwendig, jetzt alle alten Religionen abzulehnen und etwas ganz Neues zu erschaffen. Schließlich hat jede der bisherigen Religionen auch einen Teil der Welt erfasst und eine ihrer Seiten beschrieben. Es ist also sinnvoll, ein Gesamtbild zu erschaffen und zu sehen, an welcher Stelle in diesem Bild die einzelnen Religionen stehen.

Um zu diesem Gesamtbild zu gelangen, muss man sich fragen, was welche dieser vielen verschiedenen Religionen gut können?

- Nach dem einen-alles-einzigen Gott kann man am besten die monotheistischen Religionen wie die Echnaton-Religion, das Judentum, das Christentum und den Islam fragen.

- Nach differenzierten Meditations-Anleitungen fragt man am besten im

Hinduismus und im tibetischen Buddhismus nach.

- Für Fragen der Heilung und der Magie ist man in vielen Fällen am besten bei den Schamanen aufgehoben.

- Für die Suche nach der eigenen Seele und der Gottheit, von deren „Meer" diese Seele ein „Tropfen" ist, wendet man sich am besten an einen Priester oder ein Priesterin der jungsteinzeitlichen Religionen mit ihren vielen Gottheiten.

- Wenn man lernen will, sich selber treu zu sein, kann man die Herz-Meditationen der monotheistischen Religionen benutzen.

- Wenn man etwas über die verschiedenen möglichen Bewusstseinszustände erfahren will, zu denen man gelangen kann, wenn man bereits die eigenen Seele gefunden hat und mit ihr vertraut geworden ist, fragt man am besten im tibetischen Buddhismus oder bei den Kabbalisten aus der jüdischen Tradition nach.

Diese Liste ließe sich noch über viele Seiten hin differenzieren, aber wichtig ist hier einfach nur das Grundprinzip, dass man in den verschiedenen Religionen verschieden viel Sachkenntnis, Wissen und Weisheit zu den verschiedenen spirituellen Themen finden kann.

Daher wäre eine große Toleranz und noch besser eine allgemein Zusammenarbeit zwischen den Religionen sehr förderlich.

Was sind Deine eigenen Möglichkeiten?

4. Verwandtschaft

♋

Der vierte Tempel der Religionen ist der Tempel der Gemeinschaft.

Wann lässt Religion eine Form der Verwandtschaft entstehen? Wenn man weiß, dass es noch mehr Menschen gibt, die eigenen religiösen Ansichten teilen und wenn man diese Menschen auch des öfteren trifft.

Die Größe und die innere Struktur dieser Gemeinschaften hängt von der jeweiligen Lebensform der Menschen ab. In der Altsteinzeit musste sich nur eine kleine Sippe von gut einem Dutzend Menschen, die sich alle gegenseitig gut kannten, koordinieren. Heute muss sich die Menschheit als Ganzes koordinieren.

Jede Gemeinschaft entwickelt auch eine Tradition, die die Abläufe in dieser Gemeinschaft lenkt. Die Tradition einer einzelnen Familie wird vor allem in Familienaufstellungen deutlich.

Jede Gemeinschaft ist zudem auch ein „Gefäß der Lebenskraft", d.h. es gibt eine bestimmte Stimmung, eine bestimmte Wärme/Kälte in ihr, eine Kraft, übliche Verhaltensmuster (die Tradition) … All dies kann man auch innerlich in Meditationen, Familienaufstellungen und Traumreisen bildhaft wahrnehmen.

Solche Gemeinschaften geben Rückhalt und Geborgenheit, aber auch eine Prägung und Lenkung in eine bestimmte Richtung.

Religiöse Gemeinschaften werden außer von dem Charakter der Menschen in ihr auch noch von dem Stil der betreffenden Religion geprägt.

Die meisten derartigen religiösen Gemeinschaften haben auch eine Art „sachkundigen und weisen Anführer". Das kann ein Priester oder ein Schamane sein, ebenso ein Guru oder Heiler, oder auch die Leiterin eines Hexenkreises (eine Vereinigung von feministisch-ökologisch-magisch interessierten Frauen), weiterhin ein Yogi oder Sufi oder Lama – hier gibt es eine große Auswahl an Stilen, Rollen, Funktionen, Fähigkeiten, Namen und Titeln …

Auch hier muss man sich jedesmal aufs Neue die Absichten und Fähigkeiten einer konkreten „spirituellen Autorität" anschauen und sich ein Urteil über sie bilden.

33

Die Priesterin in dem Tempel der Gemeinschaft ist die Älteste des Hexenkreises.

Diese vielen verschiedenen Gemeinschaften mit ihren ebenso unterschiedlichen Anführern haben auch ebenso verschiedene Orte, an denen sie sich treffen: die Christen in einer Kirche, die Juden in einer Synagoge, die Moslem in einer Moschee, die Inder in einem Tempel, die Lamas in einem Kloster, die Druiden auf dem Hügelgrab eines verstorbenen Druiden, die Germanen in ihrem Tempel, die Indianer in der Schwitzhütte, der Hexenkreis auf einer Waldlichtung, die Freimaurer in ihrer Loge …

Alle diese Orte sind so gewählt und gestaltet, dass sie eine passende räumliche Grundlage für die Tätigkeiten, den Kult und die Rituale der betreffenden Gemeinschaft bilden.

Jede Gemeinschaft entwickelt zudem auch ihre eigenen Symbole und ihre eigene Welt aus Göttern, Engeln, Heiligen, verehrten verstorbenen Lehrern usw.

Der Segen, den man von der Ältesten des Hexenkreises
in dem Tempel der Gemeinschaft erhält, ist die Geborgenheit.

Es besteht somit die Notwendigkeiten, zunächst sich selber zu ergründen und sich dann die verschiedenen Gemeinschaften anzusehen, um zu erkennen, welche dieser Gemeinschaften das, was man ist und was man ausdrücken will, am besten fördern kann.

Auch die Frage, ob man überhaupt einer religiösen Gemeinschaft angehören will, und wenn ja, wie eng man sich mit ihr verbinden will, muss jeder für sich selber beantworten.

Es gibt auch die Tendenz, entweder mehreren oder keiner religiösen Gemeinschaft anzugehören und sich in beiden Fällen ein eigenes Weltbild zurechtzulegen und die traditionellen Religionen innerhalb des eigenen Weltbildes nach Bedarf zu nutzen.

Wonach würdest Du im Tempel der Gemeinschaft fragen?
Worum würdest Du dort bitten?

Die Größe der Gemeinschaften und auch ihre Organisationsformen haben sich in jeder Epoche weiterentwickelt.

- Die Gemeinschaft der **Altsteinzeit** war die Sippe, die vermutlich von dem jeweils Sachkundigsten und Fähigsten geleitet wurde. Die Ausnahme waren die Schamanenbünde, die Vereinigungen waren, in denen Menschen aus verschiedenen Sippen trafen, um zu lernen und um ihre Fähigkeiten weiterzuentwickeln.

Diese Religionsform beruht auf der Assoziation.

- Die Gemeinschaft der **Jungsteinzeit** war das Dorf, das von der Dorfversammlung und letztlich von der Tradition des Dorfes geleitet wurde.

Diese Religionsform beruht auf der Analogie.

- Die Gemeinschaft der Epoche des **Königtums** war das Königreich, das zentral vom König geleitet wurde.

Diese Religionsform beruht auf dem Ordnen durch ein Prinzip.

- Die Gemeinschaft der Epoche des **Materialismus** ist der Staat. Er wird durch einen König, einen Präsidenten, einen Diktator, einen Kanzler, einen Parteivorsitzenden usw. geleitet.

Diese Religionsform beruht auf der Analyse – diese „Analyse-Religion" ist die Wissenschaft.

- Die Gemeinschaft, der **Epoche der Globalisierung** ist die Menschheit. Ihre Organisationsform ist die UNO, die allerdings noch in ihren Anfängen steckt und sich noch nicht zu einer voll funktionsfähigen Koordinierung und Kooperationszentrale der Menschheit entwickelt hat.

Diese Religionsform beruht auf der Gesamtschau.

Bei den vier Entwicklungsschritten zwischen diesen fünf Epochen blieb die vorherige Einheit stets als Untereinheit in der neuen, größeren Einheit bestehen, wodurch eine organische Struktur entstanden ist.

Die derzeitige Folge von Einheiten besteht aus: Individuum – Familie/Sippe – Land – Staat – UNO.

Der Weg zu dem Tempel der Gemeinschaft führt über die Brücke der Sehnsucht und durch das Tor der Lebenskraft.

Es gibt keine Religion, die nicht auch Gemeinschaften bilden würde. Diese Gemeinschaften können natürlich sehr verschieden groß sein und auch durch sehr verschiedenen Ansichten und Tätigkeiten geprägt sein – man Vergleich nur ein christliches Nonnenkloster mit einer Osho-Community.

Der Dalai Lama, also das Oberhaupt des tibetischen Buddhismus, hat vor 20 Jahren auf einem Vortrag in Luxemburg gesagt, dass jeder erst einmal bei der Religion bleiben sollte, mit der er aufgewachsen ist, da ihm diese Religion am vertrautesten ist. Wenn jemand jedoch merkt, dass diese Religion für ihn einfach nicht passt, sollte er zu einer anderen Religion wechseln. Der Dalai Lama sagte, dass er zu seiner Verwunderung festgestellt habe, dass es sogar Menschen gibt, die gleichzeitig mehreren Religionen angehören können und dass ihnen das offensichtlich gut tut. Er selber war auch der Ansicht, dass die einer Religion zugrundeliegende Ethik wichtiger als das religiöse Dogma ist – und dass alle großen Religionen in Bezug auf diese Ethik des menschlichen Verhaltens weitgehend übereinstimmen.

Es ist erstaunlich und ermutigend, von dem obersten Vertreter einer Religion solche Worte zu hören …

Was ist Deine eigene Gemeinschaft?

5. Selbsterkenntnis

♌

Der fünfte Tempel der Religionen ist der Tempel der Seele.

Wann fördert Religion die Selbsterkenntnis? Wenn man sie entschlossen und gezielt zu diesem Zweck nutzt.

Diese Selbsterkenntnis geht meistens schrittweise vor sich:

- In der Regel beginnt sie mit psychischen Themen und mit Problembewältigungen – also mit Gesprächen mit Freunden, einer psychologischen Beratung, einer Familienaufstellung, einem Yoga-Kurs, einer veränderten Ernährung und dergleichen mehr.

- Dann nimmt man vielleicht Orakel-Methoden wie das Tarot oder das I Ging hinzu oder lässt sich vielleicht auch mal seine Handlinien deuten.

- Ein etwas systematischerer Ansatz könnte dann das Deuten des eigenen Horoskops sein, durch das man den eigenen Stil verstehen und der eigenen Art und Weise leichter treu bleiben kann.

- Möglicherweise erprobt man auch die Wirkung und den Nutzen von Beichten, von verschiedenen Meditationen, von Trancetänzen und Retreats, von der Teilnahme an verschiedenen spirituellen Gruppenveranstaltungen und ähnlichen Dingen.

- Noch einen Schritt weiter geht das Erlernen von Traumreisen, bei denen man sein Wachbewusstsein und sein Traumbewusstsein vorübergehend aneinander koppelt und sich daher auf ganz direkte Weise die Inhalte des eigenen Unterbewusstseins ansehen kann.

- Bei all diesen Unternehmungen wird man wahrscheinlich feststellen, dass der Begriff „Lebenskraft" ausgesprochen nützlich ist, um die Dinge, die bei diesen Unternehmungen erlebt hat, zu beschrieben.

- Möglicherweise kommt man auch zu dem Schluss, dass man die Vorgänge im eigenen Bewusstsein und im eigenen Körper gleichermaßen wichtig nehmen sollte. Vermutlich wird man auch zu dem Ergebnis kommen, dass das Bewusstsein die Innenseite und der Körper die Außenseite derselben Sache sind und dass es da letztlich keinen großen Unterschied gibt.

- Ein sehr einschneidendes Erlebnis könnte die Astralreise sein – die nach am besten nicht durch ein Nahtod-Erlebnis, sondern durch Entspannungsübung oder ähnliches hervorgerufen worden sein sollte.

- Die Traumreise zur eigenen Mitte führt schließlich zum Erleben der eigenen Seele, die man dann sehen und mit der man sprechen und sie um Rat und Hilfe bitten kann. Diese Seele ist der Ursprung des eigenen Wesens – die „Eichel", aus der heraus man zu einer „Eiche" geworden ist. Wenn man davon ausgeht, dass es die Reinkarnation gibt, ist diese Seele das, was sich in einem selber in dem derzeitigen Leben inkarniert hat. Durch die Begegnung mit der eigenen Seele weiß man anschließend, wer man ist, was man will und was der eigene Lebenssinn ist.

Schließlich kann man als letztes durch Traumreisen und Meditationen innerlich noch zu der „Heimat der Seele" gelangen, in der man sie noch einmal tiefer verstehen kann. Dort kann man sich seine früheren Leben ansehen und auch so gut wie alle beliebigen Informationen finden. Dieser Bereich wird manchmal „Buch des Lebens", „Akasha-Chronik" und noch so manches anderes genannt.

Alle diese Möglichkeiten der Selbsterkenntnis, die die verschiedenen Religionen bereitstellen, sind natürlich, solange man sie nur liest, bestenfalls eine Arbeitshypothese. Sie sind auch nichts, was man glauben sollte, nur weil das hier in diesem Buch gedruckt steht – diese Möglichkeiten sind etwas, wonach man suchen kann, wenn sie einem interessant genug erscheinen. Nur so können sie für einen selber zu einer Realität und zu etwas Nützlichem im eigenen Leben werden.

In der Altsteinzeit (bis 10.000 v.Chr.) waren die Schamanen die einzigen, die ihre eigene Seele und die Seelen der anderen kannten. Dasselbe gilt auch für die Schamanen-Priester in den Religionen der Jungsteinzeit (10.000-3250 v.Chr.). Diese Schamanen-Priester bleiben auch in der Frühzeit der Epoche des Königtums (3250 v.Chr. - 1500 n.Chr.) weiterhin aktiv und ein weitgehend eigenständiger Teil der Priesterschaft.

Um 600 v.Chr. geschah jedoch kollektiv etwas sehr Auffälliges: Einzelne Schamanen-Priester begannen die Allgemeinheit zu lehren, in das Jenseits zu reisen und ihre

eigene Seele zu erkennen und den Kontakt zu den Göttern, die bei dieser Selbsterkenntnis halfen, herzustellen. Dafür benutzen sie vier Dinge, die bei diesen
Schamanen-Priestern verschieden stark ausgeprägt waren: 1. eine Weisheitslehre, 2.
eine Lebensweise, 3. Meditationen und 4. Mysterien, also Gruppen-Rituale.

Diese wichtigsten dieser Schamanen-Priester und diese Mysterien waren, wenn man
sie von Osten nach Westen hin aufzählt:

- Lao-tse, Dschuang-tse und Kon-fu-tse in China;

- Buddha und Jaina in Indien;

- Zarathustra und die Mithras-Mysterien in Persien;

- der Osiris-Kult und die Isis-Mysterien in Ägypten;

- Pythagoras und die Mysterien von Eleusis in Griechenland;

- Zalmoxis, die Mysterien von Samothrake und die Orpheus-Mysterien in
Thrakien;

- die Mysterien des Sol invictus im Römischen Reich;

- der Odin-Kult bei den Germanen; und schließlich noch

- der Cernunnos-Kult und die Druiden-Einweihungen bei den Kelten:

Alle diese Lehren, Meditationen und Einweihungen haben die Selbsterkenntnis zum
Ziel. Über dem Eingang des Orakels von Delphi standen dazu zwei Sprüche, die das
Ziel und den Weg dorthin beschreiben: „Erkenne Dich selbst." und „Nichts im
Übermaß."

Der Priester in dem Tempel der Seele ist der Leiter der Mysterien.

Die Vorstellungen über die Seele sind nicht immer gleich gewesen, sondern haben
sich – wie alle anderen religiösen Vorstellungen auch – allmählich weiterentwickelt.

- In der **Altsteinzeit** wird die Seele ganz schlicht ein Erlebnis gewesen sein, das man bei der Astralreise, die durch ein Nahtod-Erlebnis verursacht worden ist, erkannt hat. Die Beschreibung für dieses Erlebnis war der Seelenvogel und das Symbol dafür der Vogel-Stab, also ein Vogel auf einem Stab. Der Vogelstab hat sich dann nach und nach zu dem Totempfahl vergrößert.

Da die Seele nach dem Tod im Jenseits von der Muttergöttin wiedergeboren wurde, war die Seele auch ein Kind der Muttergöttin – und wurde von ihr beschützt.

- In der **Jungsteinzeit** wurde die Seele als das Kind einer Gottheit angesehen. Diese Gottheit hat man daher als die eigene Clan-Gottheit erlebt. Mit dieser Gottheit war man besonders eng verbunden, weil man mit ihr wesensgleich war. Daher konnte man von ihr auch den passendsten Rat und die größte Hilfe erhalten.

Diese Clan-Gottheit war damals etwas Selbstverständliches. So haben z.B. die Ägypter vor einer Traumdeutung den Träumer erst einmal gefragt, welche Clan-Gottheit er hat – schließlich wird z.B. der Traum von einem Kampf für jemanden, der die Nilpferd-gestaltige Hebammen-Göttin Thoeris als Clan-Göttin hatte, eine völlig andere Bedeutung gehabt haben als für jemanden, der den Falken-gestaltigen Kriegs-Gott Horus als Clan-Gottheit hatte.

Die Wichtigkeit der Seele und der Clan-Gottheit war in dieser Epoche sehr groß. So lautet z.B. eine Weisheit aus der Frühzeit der Sumerer in Mesopotamien: „Ohne das eigene Me gelingt einem nichts – mit dem eigenen Me gelingt einem alles." Dieses „Me" ist ein recht komplexer Begriff und bedeutet „Mutter, Mutter-Gabe, Richtigkeit, Seele, Clan-Gottheit". Die „Mutter" ist die Seelen-Mutter aus der Altsteinzeit; die „Muttergabe" ist das Leben und das Urvertrauen. Die „Richtigkeit" ist der zentrale Begriff der Jungsteinzeit gewesen – sie bezeichnet das sinnvolle Verhalten und das richtige und daher auch wirksame Handeln zum richtigen Zeitpunkt (Aussaat-Termin; das vollkommen runde Rad; die gerade Achse der Töpferscheibe; die gut gestimmte Harfe; die Ausrichtung auf die eigene Seele; usw.).

- In der Epoche des **Königtums** wurde die Seele als ein „Funke" von dem „Feuer" des Einen Gottes, also als ein „Gottesfunke" angesehen. Daher ist in den mystischen Lehren des der Hinduismus, des Buddhismus, des Judentums, des Christentums und des Islam stets die Erkenntnis der eigenen Seele das Erlebnis, das die Hälfte des Weges des Menschen von der Erde zu Gott markiert.

- In der Epoche des **Materialismus** gab es keine Seele mehr, sondern nur noch die Psyche. Es gab auch keine Gottheit mehr, von der diese Seele – die es ja nun vermeintlich gar nicht mehr gab – ein Teil hätte sein können. Dies lag daran, dass der Materialismus eben nur noch die Materie-Seite der Welt betrachtet hat und das Bewusstsein für ein nicht sonderlich interessantes Nebenprodukt der elektrochemischen Vorgänge im Gehirn angesehen hat.

- In der **Epoche der Globalisierung** stehen nun das Bewusstsein und die Materie wieder gleichberechtigt nebeneinander – sie sind die Innenseite und die Außenseite der Welt. Grob gesagt, ist die Seele das Bewusstsein in einem Menschen, die Götter sind das Bewusstsein eines Bereiches der Welt, und der Eine Gott ist das Gesamtbewusstsein der Welt.

Allerdings steht die Entwicklung der Seelenvorstellungen dieser Epoche noch sehr am Anfang, da diese Epoche ja erst ca. 80 Jahre alt ist.

Der Segen, den man von dem Leiter der Mysterien in dem Tempel der Seele erhält, ist das Öffnen des Tores zu sich selber.

Wenn man ein erfülltes Leben leben will, besteht die dringende Notwendigkeit, sich selber möglichst früh im eigenen Leben wirklich gründlich zu erkennen, d.h. seiner eigenen Seele zu begegnen. Ein erfülltes Leben kann man nur mithilfe von Selbsterkenntnis, Selbsttreue und Selbstausdruck führen.

Auch Gesundheit und ein langes Leben lassen sich nur auf diese Weise erreichen.

Wonach würdest Du im Tempel der Seele fragen?
Worum würdest Du dort bitten?

Das Selbstbild des Menschen lässt sich auch gut an seinem Verhältnis zur Erde ablesen, das sich in den fünf bisherigen Epochen mehrmals markant verändert hat:

- In der **Altsteinzeit** wurde die Schwitzhütte als der Schwangerschafts-Bauch der Erdmutter angesehen.

- In der **Jungsteinzeit** begannen die Menschen sich als das Wichtigste in der Welt anzusehen … schließlich begannen sie durch Ackerbau und Viehzucht damit, „sich die Erde untertan zu machen". Aufgrund dieser anthropozentrischen Sichtweise sahen sie die Erde zunehmend als einen großen Menschen, als den Urmenschen an, den sie „Erd-Mann" nannten. Er findet sich bei den Ägyptern als der Gott Atum, bei den Juden als der erste Mensch Adam, bei den Persern als der erste König Yima, bei den Indern als der Totengott Yama, bei den Germanen als der Urriese Ymir, bei den Chinsen als der Urriese Pan Gu …

- In der Epoche des **Königtums** und des Monotheismus wurde die Welt manchmal als Gottes Leib, aber deutlich häufiger noch als Gottes Werk angesehen. In den mystischen Lehren dieser Epoche erscheint der Urmensch oft als das Bild des vollkommenen Menschen, den die Menschen in ihrem Leben anstreben sollen – z.B. der „Adam Kadmon" aus der jüdischen Kabbala.

- In der Epoche des **Materialismus** wurde die Erde als bloße Substanz betrachtet, die es möglichst effektiv und gewinnbringend zu nutzen galt.

- In der **Epoche der Globalisierung** wird die Erde zunehmend wieder als ein organisches Wesen betrachtet und als die Göttin Gaia angesehen.

Der Weg zu dem Tempel der Seele führt über die Brücke Selbsterkenntnis und durch das Tor der Selbsttreue.

Die verschiedenen Religionen fördern die Selbsterkenntnis auf verschiedene Weise. In den monotheistischen Religionen sollte man jedoch lieber nicht die Priester, sondern diejenigen fragen, die die Religion mit einem etwas größeren Eifer erforschen: die Gurus der Inder, die Lamas der Tibeter, die Kabbalisten der Juden, die Mystiker der Christen und die Sufis des Islam.

Für die schlichteren Methoden der Suche nach der Clan-Gottheit muss man sich an die Priester der älteren mythologisch-magischen Religionen wenden und für das einfache Erlebnis der Astralreise sollte man am besten bei Schamanen nachfragen.

Was ist Deine eigene Seele?

6. Ordnung

♍

Der sechste Tempel der Religionen ist der Tempel der Heilung.

Wann lässt Religion Ordnung entstehen? Wenn man die Grundlagen, Strukturen und Dynamiken der Religionen einmal etwas genauer betrachtet.

Im engeren Sinne besteht die „religiöse Heilung" aus der Bitte um Heilung an eine Gottheit oder an Gott – in christlicher Terminologie also um das Gebet. Doch diese Bitte kann sich bis zu einem auf die eigene Gesundheit einsgerichteten Bewusstseins-zustand steigern, der eine große Wirkung haben kann – vom schlichten Finden eines passenden Arzt finden bis hin zu Spontanheilungen und Wunderheilungen.

Die „religiöse Heilung" geht auch in die spirituelle/alternative Heilung über, die z.B. durch die „Kügelchen" der Homöopathie oder die „Tröpfchen" der Bachblüten bewirkt werden kann.

Auch Yoga und Meditation können ausgesprochen heilsam sein. Auch sie gehören in den Randbereich der „religiösen Heilung". Man könnte diesen Heilungsbereich auch „spirituell", „alternativ", „magisch", „esoterisch", „okkult" und noch so einiges anderes nennen. Unabhängig von der bevorzugten Bezeichnung gehören diese Heilweisen, da sie auf nicht-materielle Weise funktionieren, jedoch letztlich zu den „religiösen Heilweisen".

Zwei recht wirksame, aber für den Ausübenden manchmal auch recht mühsame Selbstheilungs-Methoden sind die Heilung der Chakren und das Erwecken der Kundalini. In der Regel erfordert dies einiges an Konzentration und Geduld und außerdem auch noch die Bereitschaft, sich auch die Schattenseiten der eigenen Psyche anzusehen.

Im Idealfall führt die „religiöse Heilung" nicht nur zu dem Zustand „keine Krank-heit", sondern auch zu einem friedlichem, erfüllten inneren Zustand.

Die größte Wirkung bei den „religiösen Heilungen" hat im allgemeinen der Kontakt zu der eigenen Clan-Gottheit und die Hilfe durch einen fähigen Schamanen, Priester, Magier, Geistheiler oder wie auch immer man solch einen Menschen nennen möchte.

Die meisten Religionen beschreiben eine bestimmte Ordnung mit vielen Regeln und Vorschriften, deren Einhaltung die Krankheiten vermeiden soll. Wahrscheinlich wird es kaum eine solche Regel geben, die vollkommen sinnlos ist, aber man sollte stets schauen, welche von diesen Regeln auch zu dem eigenen Charakter passen. Im Zweifelsfalle sollte man sich immer an den Charakter der eigenen Seele und der eigenen Clan-Gottheit halten.

Doch man sollte auch nicht „betriebsblind" werden und sich auch die zunächst unsinnig erscheinenden Vorschriften genauer ansehen – vielleicht sind einige der Regeln gar nicht so übel, wie es auf den ersten Blick zu sein scheint. Wir Menschen neigen ja im Allgemeinen dazu, diejenigen für weise zu halten, die dieselbe Meinung wie wir selber haben. Natürlich sollte man sich selber immer treu bleiben – aber auch mal links und rechts zu schauen, was die anderen machen, schadet nicht …

Die Priesterin in dem Tempel der Heilung ist die Heilerin.

Die Gesundheit ist der „richtige" Zustand des Körpers. Die Heilung ist die Wiederherstellung des richtigen Zustandes des Körpers.

Diese Richtigkeit ist der zentrale Begriff in dem magisch-mythologischen Welt der Jungsteinzeit, das durch Gleichnisse, Analogien und Traditionen geprägt ist. Es gibt bei den Völkern aus dieser Zeit verschieden Namen und Vorstellungen für diese Richtigkeit:

Germanen:	sidr	„althergebrachte Weise"
Kelten:	fhirinne	„Wahrheit"
Römer:	ritus	„Rad"
Slawen:	prawda	„Wahrheit"
Hethiter:	aya	„Rad"
Inder (alt):	rita	„Rad"
Inder (neu):	dharma	„Versmaß"
Perser:	asha	„Rad"
Griechen:	dikaios	„Gerechtigkeit"
Ägypter:	ma'at	„Mutter"
Sumerer:	me	„Mutter"
Tibeter:	tashi	„glückliches Schicksal"

Chinesen:	tao	„Weg"
Navahos:	ho'zhong	„Schönheit"
usw.		

Die drei wichtigsten Symbole für die Richtigkeit sind die Federn des Seelenvogels, das vollkommen runde Rad und die richtig gestimmte Harfe. Da im frühen Königtum, als der Monotheismus noch am Entstehen war, der Sonnengott als Göttervater der Erhalter der Ordnung gewesen ist, ist er auch derjenige, der die Richtigkeit aufrechterhält. Daher findet sich die Feder bei dem ägyptischen Sonnengott Re, die Harfe u.a. bei dem keltischen Göttervater Dagda, dem germanischen Dichtungsgott Bragi und bei dem griechischen Sonnengott Apollon, sowie das Rad bei dem keltischen Himmelsgott Taranis und bei Buddha als das achtspeichige „Rad der Lehre".

*Der Segen, den man von der Heilerin in dem Tempel der Heilung erhält,
ist die Gesundheit.*

Auch bei der Heilung besteht die Notwendigkeiten, wirksame von unwirksamen Methoden zu unterscheiden. Dabei kann man natürlich nicht sagen, dass etwas nur dann wirken kann, wenn man die Wirkungsweise versteht – man muss auch versuchen, das zugrundeliegende Heilungskonzept zu verstehen.

Das ist jedoch nicht immer so ganz einfach, da es hier eine große Vielfalt von Heilungs-Ansätzen gibt:

- Man kann heilen, indem man vom Körper durch eine Operation das entfernt, was ihn krank macht.
- Man kann ihn heilen, indem man ihm Substanzen zufügt, die ihm fehlen.
- Man kann ihn heilen, indem man ihm hilft, sich zu entspannen.
- Man kann ihn heilen, indem man ihn durch Training stärkt.
- Man kann ihn heilen, indem man ihn die Homöopathie-Methode „Gleiches heilt Gleiches" anwendet.
- Man kann ihn heilen, indem man wie beim Reiki Lebenskraft zuführt.
- Man kann ihn heilen, indem man die verschiedenen Qualitäten der Lebenskraft („Feuer", „Wasser", „Luft", „Erde") wieder ins Gleichgewicht bringt.
- Man kann ihn heilen, indem man die Chakren reinigt.
- Man kann ihn heilen, indem man die Selbsterkenntnis fördert.

- Man kann ihn heilen, indem man die Kundalini erweckt.
usw.

Man sollte sich also stets die Methode selber und auch das ihr zugrundeliegende Prinzip anschauen.

Doch selbst dann, wenn man das Prinzip selber verstanden hat, muss man im Einzelfall noch immer genau hinschauen. So kann man sich z.B. fragen, ob Zahlen eine Wirkung haben. Bei genauerer Betrachtung des Themas kommt man zu dem Schluss, dass es mindestens vier Kategorien von Zahlensymbolik gibt, die daher auch verschieden wirksam sind: natürliche Qualitäten, traditionelle Qualitäten, abgeleitete Qualitäten und assoziative Qualitäten.

- **natürliche Qualitäten**: Die Zahlen 1, 2, 3, 4, 5, 6 und 12 haben in der Natur, in der Physik, in der Astrologie und weitgehend auch in der Mythologie überall dieselbe Qualität. So stellt die „2" stets einen Ergänzungs-Gegensatz wie z.B. Yin und Yang oder die astrologische Opposition dar; die „3" ist stets ein Zusammenhalt wie z.B. die starke, dreipolare Wechselwirkung in Neutronen und die astrologischen Trigone; die „4" ist stets ein Trennung; die „12" ist stets der Grundbaustein wie der Tierkreis oder wie der Graviton-Superstring; usw.

Bei diesen Zahlen kann man von einer direkten Wirkung ausgehen.

- **traditionelle Qualitäten**: Diese Zahlen haben durch langen Gebrauch eine feste Bedeutung erhalten. So ist z.B. die „108" in Indien und bei den Germanen die Zahl der Sonne. Sie ist aus einem Zahlenspiel entstanden: Die Sonne ist eine Einheit = 1; die Sonne erleidet täglich Geburt (Sonnenaufgang) und Tod (Sonnenuntergang) = 2; die Sonne wandert als Sonnenscheibe mit drei Beinen durch das Diesseits und das Jenseits = 3. Daraus machte man dann „$1 \cdot 2 \cdot 2 \cdot 3 \cdot 3 \cdot 3 = 108$" oder etwas eleganter geschrieben „$1^1 \cdot 2^2 \cdot 3^3 = 108$".

Bei diesen Zahlen kann man von einer Wirkung bei den Menschen ausgehen, die in einer Kultur leben, in der die jeweilige Zahlensymbolik gut bekannt ist.

- **abgeleitete Qualitäten**: Aufgrund des alten binären Zahlensystems, das nur die „1", die „2", die „4" und die „8" kannte und daher keine genauen Zahlen zur Verfügung hatte, die größer als „8+4+2+1", also „15" waren, war die „8" die „große Zahl", woraus dann die „vollkommene Zahl" wurde.

Später trat die „12" als größte (und „vollkommene") Zahl an die Stelle der „8". Daraus ergab sich, dass die „9" die Zahl war, die die Ordnung der „8" zerstörte – folglich war die „9" die Zahl der Zerstörung und des Todes. Nachdem die „12" zur größten und vollkommenen Zahl wurde, erhielt die „13" die Symbolik als Unglückszahl.

Bei den Germanen hatte die „9" die Bedeutung „Tod" und die „100" hatte die Bedeutung „größtes". Daraus ergab sich, dass die „900" das „Größte in der Unterwelt" sein mußte. Folglich wird manchmal in den germanischen Liedern gesagt, dass die Unterweltsgöttin 900 Köpfe hat … Auch die Unterwelt selber wird als „9 Orte" bezeichnet – was lediglich ein Ort mit der Qualität der „9" ist.

Für diese Zahlen gilt dasselbe wie für die vorigen Zahlen: Sie wirken, wenn man sie gut kennt.

- **assoziative Qualitäten**: Diese Zahlen sind individuell. Wenn jemand z.B. am 5.5. Geburtstag hat, wird die „5" möglicherweise eine Bedeutung für diese Person haben. Oder wenn jemand mehrmals am 8.7. ein Unglück erlebt hat, wird er vermutlich jedes Jahr dieses Datum fürchten.

Diese Zahlen haben nur durch die Assoziationen des Einzelnen zu diesen Zahlen eine Wirkung.

Dieses Beispiel ist hier nicht angeführt, weil die Wirkung von Zahlen besonders groß ist. Das Beispiel soll lediglich zeigen, wie genau man schauen und prüfen muss, wenn man beurteilen will, ob etwas eine Wirkung haben könnte oder nicht – und auch, warum es eine Wirkung hat (wenn es eine Wirkung hat).

Letztlich ist natürlich immer nur das erfolgreiche Experiment ein wirklich sicherer Nachweis einer Heilmethode – aber ein wirkungsloses Experiment ist keinesfalls ein sicherer Nachweis, da diese Methode ja möglicherweise bei einem anderen Menschen oder mit einer geringfügigen Abwandlung des Experiments auch bei einem selber gut funktioniert …

Wer heilt, hat recht.

Wonach würdest Du im Tempel der Heilung fragen?
Worum würdest Du dort bitten?

Auch das Heilen selber sieht in jeder Epoche unterschiedlich aus – wobei die älteren Methoden oft noch im Untergrund weiterleben und in Notfällen angewandt werden. Zur Zeit – am Anfang der Epoche der Globalisierung – entsteht eine Synthese von allen bekannten Heilungsansätzen.

Das Heilen mit Kräutern und anderen Mitteln hat es in allen Epochen gegeben. Das Folgende kommt jeweils noch hinzu:

- Altsteinzeit: Heilung durch das Hinzufügen von Lebenskraft (Reiki)
- Jungsteinzeit: Wiederherstellen des Einklang mit der Clan-Gottheit (Traumreise)
- Königtum: Beichten o.ä. und wieder dem Gesetz Gottes folgen (Liebe zu Gott)
- Materialismus: Psychotherapie und Schulmedizin (Reparatur)
- Globalisierung: ganzheitlicher Ansatz (Kombination aller Methoden)

Der ganzheitliche Ansatz der Epoche der Globalisierung steckt noch sehr in den Anfängen.

Der Weg zu dem Tempel der Heilung führt über die Brücke der Bereitschaft und durch das Tor der Tatkraft.

Die Wichtigkeit der Heilung und die Einstellung zu ihr ist in den vielen konkreten Religionen recht verschieden. Sie reicht von Bittgebeten bis zum Akzeptieren der Krankheit als Strafe für einen Verstoß gegen die göttlichen Regeln.

Was sind Deine eigenen Heilmittel?

7. Harmonie

♎

Der siebte Tempel der Religionen ist der Tempel der Schönheit.

Wann erschafft Religion Harmonie? Wenn man sich auf die Wirkung der inneren Grundgesetze der Religion einlässt.

Was ist Schönheit? Wie entsteht Schönheit? Wozu ist Schönheit gut? Ein Freund sagte einmal zu diesem Thema: „Ästhetik stört mich nicht." Doch ist damit schon alles erfasst, was es über Schönheit zu sagen gibt?

Schönheit entsteht durch die Harmonie zwischen allen Teilen eines Ganzen, das durch diese Harmonie zu einem organischen Ganzes wird. Das bedeutet auch, dass dieses Ganze dann besonders wirksam und lebensfähig ist. Ohne Schönheit kein Überleben …

Die Schönheit ist also die Wahrnehmung derselben Grundqualitäten in allen Teilen eines Ganzen – solch ein schönes Ganzes ist also in allen seinen Teilen selbstähnlich. Seine Teile stehen in Analogie zueinander, sie haben dieselbe „Farbe", denselben „Klang", denselben „Duft", denselben Stil … Dadurch sind die Teile des Ganzes in der Lage, miteinander zu kooperieren – wodurch wiederum das Ganze effektiver handeln kann. Die Schönheit ist also ein notwendiger Bestandteil von jedem organischen Ganzen. Diese Schönheit, diese Harmonie zwischen allen Bestandteilen eines Ganzen entsteht dadurch, dass ein organisches Ganzes immer in einem Guss aus einem Ursprungsimpuls heraus entsteht. Diesen Ursprungsimpuls kann man sich detailliert anhand des Geburts-Horoskops eines Menschen bzw. des Gründungs-Horoskops eines Unternehmens o.ä. anschauen.

Der Name der Navaho-Indianer für die Richtigkeit – die der zentrale Begriff aller jungsteinzeitlichen Kulturen ist – lautet „Ho'zhong", d.h. „Schönheit". Eines der vielen Ritual-Lied der Navahos zeigt deutlich, was damit gemeint ist:

Ich gehe in Schönheit vor mir,
ich gehe in Schönheit hinter mir,
ich gehe in Schönheit über mir,
ich gehe in Schönheit unter mir;
ich gehe in Schönheit rings um mich her,
während ich mein Leben auf die Schönheits-Weise gehe,
während ich mein Leben auf die Schönheits-Weise gehe.
Meine Gedanken werden alle schön sein,
meine Worte werden alle schön sein,
meine Taten werden alle schön sein;
während ich mein Leben auf die Schönheits-Weise gehe,
während ich mein Leben auf die Schönheits-Weise gehe.

Die Wirkung dieser Schönheit kann man an dem Lächeln mancher Buddha-Statuen und an dem Lächeln der meisten altägyptische Statuen sehen: ein innerer Frieden, eine stille Freude und ein grundloses Glück.

Das „Gehen des Schönheits-Weges" hat weitreichende Folgen: Solch ein „Gehen in Schönheit" könnte unmöglich zulassen, dass die eigene Lebensgrundlage zerstört wird, d.h. solch ein „Gehen in Schönheit" würde stets voller Verantwortung, in Vertrauen und ökologisch handeln.

Die Priesterin in diesem Tempel der Schönheit ist die Künstlerin.

Nicht nur ein Mensch oder irgendein anderes Lebewesen kann schön sein, sondern auch die Welt als Ganzes. Dazu müsste auch die Welt aus einem Guss und daher selbstähnlich sein. Dass das tatsächlich so ist, lässt sich einfach zeigen, denn wie sollten die Omen, die Orakel, das Tarot, das I Ging, das Ba Gua, der Lebensbaum aus der Kabbala, die Astrologie usw. funktionieren können, wenn die Welt nicht selbstähnlich wäre?

Die Astrologie zeigt, dass der Charakter eines Menschen eine Analogie zu dem Planetenstand im Augenblick seiner Geburt ist. Diese Analogie kann es nur geben, wenn die Welt in allen ihren Teilen selbstähnlich ist, d.h. in allen ihren Teilen zu einem bestimmten Zeitpunkt stets in demselben Zustand ist. Die Übereinstimmung des Charakters eines Menschen mit dem Planetenstand zum Zeitpunkt seiner Geburt ist in der Welt dasselbe Prinzip wie die Selbstähnlichkeit bei einem einzelnen

Menschen, dessen Fußreflexzonen, Handlinien, Ohr-Beschaffenheit und Iris-Färbung alle genau dasselbe über diesen Menschen aussagen.

Die Welt ist schön. Allerdings nicht in dem Sinne, dass es in ihr keine Gewalt und kein Leid geben würde – was sich ja nur allzu leicht widerlegen ließe – sondern in dem Sinne, dass ihre Teile im Einklang miteinander stehen, dass sie in einem analogen Zustand sind, dass sie selbstähnlich sind.

Der Segen, den man von der Künstlerin in dem Tempel der Schönheit erhält,
ist die Harmonie.

Es ist zwar nicht unbedingt notwendig, aber durchaus förderlich, wenn man erkennen kann, in welcher Qualität sich die Welt gerade befindet und dann diese „Strömung" und diesen „Wind" dafür benutzt, das eigene „Segelschiff" dorthin zu steuern, wo man hin will.

Die Qualität der Welt ist nicht immer gleich, aber sie ist in allen ihren Teilen zu einem bestimmten Zeitpunkt immer gleich. Diese Qualität des Augenblicks, die sich ständig dynamisch verändert, lässt sich mithilfe der Astrologie, des Tarot, des I Ging und vieler anderer Methoden erfassen – und im Fall der Astrologie sogar beliebig lange vorausberechnen.

Wonach würdest Du im Tempel der Schönheit fragen?
Worum würdest Du dort bitten?

Es ist also hilfreich, den augenblicklichen Zustand er Welt zu erkennen und ihn für die eigenen Zwecke zu nutzen. Wie haben die Menschen in den verschiedenen Epochen diesen angestrebten harmonischen Zustand mit der Welt, durch den sie die „Strömungen" und „Winde" der Zeit nutzen konnten, empfunden und dargestellt?

- In der **Altsteinzeit** gab es vermutlich hauptsächlich das Leben im Augenblick als Zeitvorstellung und dazu das ständige Vertrauen auf die Muttergöttin.

- In der **Jungsteinzeit** gab es den Zyklus der Jahreszeiten und der Landwirtschaft sowie die endlose Wiederholung als Zeitvorstellung. In diesem Zeitrahmen vertraute man auf seine eigene Clan-Gottheit.

- Im **Königtum** gab es die Ewigkeit Gottes und die Vergänglichkeit des menschlichen Lebens. In dieser Auffassung der Zeit gab es nur die Möglichkeit, auf Gott zu vertrauen, da alles andere vergänglich war.

- Im **Materialismus** entstand die Vorstellung der linearen Zeit, die kontinuierlich durch das Nadelöhr der Gegenwart von der Vergangenheit in die Zukunft fließt. Hier gibt es nur die eigene Kraft als Halt in der Welt.

- In der Epoche der **Globalisierung** gibt es das Zeit-Kontinuum, d.h. man schaut auf die Gesamtentwicklungen, die auf der gesamten Erde von der Vergangenheit über die Gegenwart zur Zukunft hin verlaufen. Der Einzelne ist aus dieser Sicht immer ein Teil des Ganzen, von dem er sich in Vertrauen tragen lassen kann und das er in Verantwortung auch selber trägt.

Dieses Zeitverständnis und diese Form der Harmonie mit der Welt, die die Epoche der Globalisierung prägt, steckt noch sehr in den Anfängen, da diese Epoche gerade erst mal 80 Jahre alt ist.

Der Weg zu dem Tempel der Schönheit führt über die Brücke der Analogien
und durch das Tor der Selbstähnlichkeit.

Alle diese Zeitauffassungen führen dazu, dass es für alle Handlungen einen günstigen und manchmal sogar notwendigen Zeitpunkt gibt.

Die Griechen haben drei verschieden Arten von Zeit unterschieden:

- Chronos ist die Zeit, die Schritt für Schritt unaufhaltsam weitergeht und die durch die Kausalität geprägt ist.

Chronos entspricht der linearen Zeit, an der sich der Materialismus orientiert.

- Aion ist eine Zeitspanne wie das Leben oder ein Zyklus wie ein Durchlauf der vier Jahreszeiten.

Aion entspricht der zyklischen Zeit, an der sich die Jungsteinzeit orientiert.

- Kairos ist der passende Augenblick, die günstige Gelegenheit, zu dem man etwas viel einfach als zu anderen Zeitpunkten erreichen kann.

Kairos entspricht dem „Hier und Jetzt", an dem sich die Altsteinzeit orientiert.

C.G. Jung hat sein Konzept der Synchronizität, also der sinnvollen Gleichzeitigkeit von zwei Ereignissen, auf diese Kairos-Auffassung der Zeit bezogen. Kairos ist in diesem Sinne nicht nur der günstige Zeitpunkt, an dem man etwas auf einfache Weise tun könnte, sondern auch die Selbstähnlichkeit der Welt, die zu einem Omen, also zu einem für den Betrachter bedeutsamen Ereignis führen kann. Das Kairos beruht also auf den Analogien in der Welt, durch die man auch an einem kleinen Ereignis die noch nahenden großen Ereignisse erkennen kann – das ist das Wesen eines Omens.

Was ist Deine eigene Schönheit?

8. Kampf

♏

Der achte Tempel der Religionen ist der Tempel des Teufels.

Wann gibt es zwischen den Religionen einen Kampf? Wenn man eine Sichtweise durchsetzen will, die von ihren Erkenntnissen her begrenzt ist.

Die Religionen der Altsteinzeit, also der Schamanismus, und die Religionen der Jungsteinzeit, also die „mythologischen Religionen" mit ihren vielen Gottheiten, waren in keiner Weise dominant. Der Schamanismus will einfach wissen, was gut funktioniert. Die mythologischen Religionen vergleichen einfach, wenn sie auf eine andere Religion treffen und setzen die eigenen Götter denen der anderen Völker gleich – sie sehen Unterschiede nur als verschiedene Bilder und Namen für dieselben Götter an.

Lediglich die monotheistischen Religionen haben – wie ein König – einen Allmacht-Anspruch sowie die Überzeugung, dass nur sie allein die Wahrheit kennen und verkünden … und das auch mit exakt den Worten, die sie für richtig halten.

Im Materialismus wurden Religionen bestenfalls zur Förderung des eigenen Machtstrebens instrumentalisiert, doch die Religion wurden nicht sonderlich ernst genommen.

In der derzeitigen Epoche der Globalisierung wird nach einer Synthese all dieser Religionen und Weltanschauungen gestrebt.

Im Bereich der Religionen gibt den Kampf folglich nur dann, wenn es zu einer Konkurrenz zwischen zwei monotheistischen Religionen kommt oder wenn ein Herrscher die Religion für Machtzwecke missbraucht. Dann ist „Gott mit dem eigenen Volk", während die anderen die „Gesandten des Teufels" sind.

Der Priester in diesem Tempel des Teufels ist der Magier.

Der Teufel … Wer ist das eigentlich? … Das ist eine lange Geschichte …

Der Ursprung der Gestalt des Teufels ist leicht ausfindig zu machen. Die Ergänzung der Wiedergeburt im Jenseits durch eine ihr vorausgehende Wiederzeugung und die magische Absicherung dieser Wiederzeugung durch ein Herdentier-Opfer führte zu dem Motiv der Mann/Herdentier-Mischformen. Auf diese Weise hat der Teufel seinen Pferdefuß, seine Bocksbeine und seine Bockshörner erhalten.

Die Ziegenbock-Gestalt geht vor allem auf den griechischen Pan, aber auch auf die Ziegenbock-Opferungen bei den Bestattungen der Germanen zurück. Der Pferdefuß und der gelegentliche Pferdekopf beruhen auf den griechischen Zentauren und auf den Pferde-Männer in der germanischen Mythologie.

Der Teufel hat also einen Ursprung in den Jenseits-Vorstellungen und in den Wiederzeugungs-Vorstellungen. Daher hat er niemals die Gestalt eines Großraubtiers, sondern immer die eines Herdentiers.

Um 8.000 v.Chr. wurde in Nordmesopotamien der Ackerbau erfunden. Um 7.000 v.Chr. begann man auch nördlich des Schwarzen Meeres und des kaspischen Meeres mit dem Ackerbau – das waren die Vorfahren der Indogermanen. Um 6.000 v.Chr. ließen die starken nacheiszeitlichen Regenfälle jedoch nach, wodurch das fruchtbare Land der Indogermanen zu der heutigen südrussischen Steppe wurde. Die Indogermanen mussten daher den Ackerbau auf die Flussauen reduzieren und konnten ansonsten in dem einst fruchtbaren Land, das nun zur Steppe geworden war, nur noch Viehzucht betreiben.

Durch die heutige intensive Bewässerung dieser südrussischen Steppe ist mittlerweile der Aral-See fast vollständig ausgetrocknet.

Damals stellte sich nach dem Ende der reichen Regenfälle natürlich die Frage, wo der Regen geblieben war. Da die Indogermanen, die zwangsweise zu Viehzüchtern geworden waren, ihre Herden gegen andere indogermanische Stämme und gegen Raubtiere verteidigen mussten, waren sie zwangsweise immer kriegerischer geworden. Daher nahmen sie an, dass die Regenwolken geraubt worden waren – so wie sie selber auch mal ganz gerne die Schafherden ihrer Nachbar-Stämme raubten.

Doch wo waren die Regenwolken jetzt? Da die Wolken am Horizont aus der Erde aufzusteigen scheinen und da das Süßwasser an den Quellen aus der Erde hervorsprudelt, mussten die Regenwolken wohl auch unter der Erde gefangen gehalten werden.

Aber wer konnte da unten so mächtig sein, dass er Regenwolken festhalten konnte?

Eigentlich war da unten ja nur die Jenseitsgöttin – doch die war den Menschen wohlgesonnen, da sie die Toten dort unten wiedergebar. Sie schied also als Täter aus.

Doch es gab da unten noch ein anderes großes Wesen, das sowieso schon immer ein wenig suspekt gewesen war. Das Bild der Ahnen als Schlangen hatte zu dem Bild des Jenseitsweges als Schlange geführt. Da die Sonne jede Nacht von Westen nach Osten unter der Erde hindurch wanderte, musste es da eine riesige Jenseitsweg-Schlange geben, die von dem einen bis zum anderen Horizont reichte. Sie musste der Regenräuber sein!

Doch diese Regenräuberschlange, die die Regenwolken im Frühjahr fesselte und in der Unterwelt einsperrte, wurde schließlich wieder von dem Himmelsgott besiegt. Der Kampf zwischen den beiden zeigt sich jedes Jahr eindrücklich in den Spätsommergewittern.

So entstand das Motiv des endlosen Kampfes zwischen dem Himmelsgott und der Regenräuberschlange, die sich in allen späteren indogermanischen Mythologien wiederfindet und auch in das Christentum als Kampf von St. Michael gegen die Schlange Eingang gefunden hat. Am bekanntesten ist vermutlich Thors Kampf gegen die riesige Midgardschlange.

Dies ist eine der Wurzeln des Teufels: Er ist die „böse Schlange", die sich gegen die Ordnung des Himmelsgottes – Gott Vater im Himmel – auflehnt.

Als die Christen ab ca. 800 n.Chr. die Nordgermanen missionieren wollten, stießen sie auf ein großes Problem. Wenn sie den Germanen sagten, dass sie nur auf Gott Vater vertrauen dürfen, wurde ihnen entgegnet, dass sie bereits auf ihre eigenen toten Väter im Jenseits und deren Hilfe vertrauten … und dass das schon seit Jahrtausenden immer verlässlich gewesen ist.

Also mussten die Missionare die Ahnen „verteufeln". Der Ansatz dazu war die Angst vor dem Tod und die bei den Germanen bereits vorhandenen Schreckensbilder des Jenseits. Also wurde das Bild des Ziegen-Mannes und des Pferde-Mannes von den Ahnengeistern abgespalten, die nun brav und reglos in Menschengestalt in ihren Gräbern liegen und auf das Letzte Gericht warten mussten. Dieses abgespaltene Bild des Herdentier-Mannes ließ sich nun recht einfach zu einem Angstbild umwandeln.

Das alte Jenseits-Bild der Germanen war die Grabkammer in dem Hügelgrab. Sie wurde zu der Hölle, also wörtlich zu der „Höhle" umgedeutet, in dem der Herdentier-Mann, also der Teufel, wohnt.

Die Feuer der germanischen Brandbestattungen wurden ebenfalls in diese Höhle hinein verlegt, wodurch die Feuerhölle entstand.

Es gab jedoch noch immer die Jenseitsgöttin, die den Toten in der Gestalt seiner Wiederzeugungs-Geliebten im Jenseits wiedergebar und dadurch seine Wiedergeburts-Mutter und seine Wiederstillens-Amme wurde. Nun konnte man ja aber schlecht das Bild der Geliebten und der Mutter dämonisieren – das hätte nicht funktioniert. Also nahm man das Bild der hässlichen Großmutter und der bösen Stiefmutter – das ja auch aus den Märchen gut bekannt ist – und machte daraus „des Teufels Großmutter".

Schließlich blieb noch der Hund des Schamanen, der ihm als Jenseitsführer diente, und der manchmal auch als Grabwächter aufgefasst worden ist. Ihn deutete man zu dem fürchterlichen Höllenhund um – dessen Vorbild der griechisches Cerberus war und dessen letzten Nachklänge sich in dem Roman „Der Hund von Baskerville" von Sherlock Holmes finden.

So erreichten die Missionare ihr Ziel, die alten Jenseitsvorstellungen zu verteufeln und an ihre Stelle die christlichen Jenseitsvorstellungen zu setzen.

Ein weiteres Hilfsmittel, um die Ahnengeister endgültig zur Furcht-Gestalten zu machen, war die Assoziation des Teufels mit dem Sensenmann, also dem Tod. Der Sensenmann war aus der Kombination des Todes des Menschen (Gerippe) und des Todes des Getreides (Sense) entstanden, die auch die Grundlage des Korngottes-Totengottes der Jungsteinzeit gewesen ist (Osiris, Kumarbi, Tammuz ua.)

Der Erfolg dieser Maßnahmen der Missionare war so gründlich, dass es heute kaum noch etwas gibt, was die Menschen als gruseliger empfinden als bei Vollmond auf einem Friedhof um Mitternacht die Geister der Ahnen zu beschwören – so wie es unsere germanischen Vorfahren regelmäßig getan haben, wenn sie Rat und Hilfe brauchten.

Diese Angst ist ausgesprochen irrational, denn man sollte doch annehmen, dass die Toten, die einem während ihres Lebens wohlgesonnen waren, einem auch als Geist noch immer wohlgesonnen sind …

Eine weitere Wurzel des Teufels-Bildes sind die als Feind aufgefassten anderen Religionen, die generell als Kult von grausamen „Teufelsanbeter" angesehen und bezeichnet worden sind.

Natürlich wurden auch sämtliche Feinde als „Söhne des Teufels" angesehen …

In den meisten monotheistischen Religionen wird versucht, die Sexualität zu domestizieren und ihr jede Spontanität und Wildheit und Lust zu nehmen: Ordnung muss sein!

Dadurch wurde die verdrängte Sexualität zu einem kollektiven Problem in den meisten monotheistischen Religionen.

Es wundert daher nicht, dass der Teufel auch als der Verführer zu „unzüchtiger" Sexualität angesehen wurde. Selbst Sigmund Freud, der die Psychologie erfunden hat, ging noch davon aus, dass die Sexualität strikt beherrscht und kanalisiert werden muss, um nicht das ganze Gesellschaftssystem zum Zusammenbruch zu bringen. Erst Freuds Schüler Wilhelm Reich hat die verdrängte Sexualität als das Grundproblem unserer Gesellschaftsordnung beschrieben.

Die Zuordnung der „zerstörerischen" und „lustvollen" Sexualität zum Teufel war recht einfach – schließlich liegt der Ursprung der Mann/Herdentier-Gestalt des Teufels in der Wiederzeugung, also in der Sexualität.

Der Segen, den man von dem Magier in dem Tempel des Teufels erhält,
ist die Stärke.

Der Teufel ist also das, was kollektiv oder individuell bekämpft und verdrängt worden ist. Dieses Verdrängte ist innerhalb einer monotheistischen Religion immer der Ungehorsam, der Aufstand, die Revolte, die Eigenständigkeit, die Lust, die Sexualität und dergleichen mehr. Der Teufel ist somit – um es einmal in den Begriffen von C.G. Jung zu beschrieben – sowohl der individuelle als auch der kollektive Schatten der Menschen.

Es besteht – um wieder heil, gesund und lebensfroh zu werden – folglich die Notwendigkeit, diesen Schatten zu erkennen und ihn wieder zu integrieren und dadurch wieder ein ganzer Menschen zu werden. Das, was man dadurch zurückerlangt, sind die Eigenschaften des Teufels, die jetzt jedoch nicht mehr verzerrt und entstellt, sondern heil sind: Kraft, Lebenskraft, Lebenslust, Begeisterung, Zielstrebigkeit, Eigenständigkeit, Kreativität, Furchtlosigkeit, Lebensfreude, Erfüllung …

Der Teufel ist der, der den Schatten heilen kann.

Wonach würdest Du im Tempel des Teufels fragen?
Worum würdest Du dort bitten?

Der Teufel ist die Eigenständigkeit und auch die Aufmüpfigkeit und auch alles andere, was nicht regelkonform läuft. Daher neigt der Teufel – obwohl er eine religiöse Gestalt ist – mehr zur Magie als zur Religion … er macht die Dinge am liebsten selber mit der eigenen Kraft und den eigenen Fähigkeiten.

Das bedeutet jedoch keineswegs, dass jemand, der seinen eigenen Weg geht, innerhalb der Gesellschaft destruktiv sein muss – er will lediglich frei sein und die Dinge auf seine Art machen. In diesem Sinne ist letztlich auch jeder Künstler, jeder Heiler, jeder Forscher, jeder Entdecker, jeder Sozialarbeiter und jede Kindergärtnerin ein Individualist – und ein „Freund des Teufels". Sie alle brauchen die Wertschätzung und die Berücksichtigung und die Förderung der Individualität, um in ihrem jeweiligen Bereich wirklich erfolgreich sein zu können und dabei Gutes zu erschaffen.

Aus der Sicht der allgemeinen Ordnung kann ein „teuflisches" Verhalten natürlich störend und ein Ärgernis sein, aber andererseits kann es ganz ohne Nonkonformität auch keine Kreativität geben.

Der Teufel ist die schwierigste Gestalt in der Religion, da er der kollektive Schatten, der Störer und Zerstörer, das Verdrängte, die große Kraft, die Wildheit, der Eigensinn, das Unbekannte ist – aber gerade deshalb ist es so wichtig, sich auch mit den eigenen Schattenseiten und mit der kollektiven Schattenseite zu beschäftigen, sie anzusehen, sie anzunehmen und sie zu integrieren. Nur so kann man als Einzelner und als ganze Gesellschaft wirklich heil und „rund" werden.

Außerdem ermöglicht die Schatten-Integration ein freies Fließen der Lebenskraft und das Erwachen der Kundalini, was wiederum die Möglichkeiten für das Reiki, das „Geistheilen" und ähnliche magisch-spirituelle Methoden und Tätigkeiten deutlich erweitert.

Der Weg zu dem Tempel des Teufels führt über die Brücke der Schatten und durch das Tor der Integration.

Die Verknüpfung von Teufel und Magie ist natürlich nicht gerade das, was auf den ersten Blick verlockend klingt – und was nicht einmal so klingt, als ob es irgendeinen Realitätsbezug hätte. Wenn man jedoch den Teufel als den Schatten, also das Verdrängte nimmt, und wenn man „Magie" als Telepathie und Telekinese plus Astrologie auffasst, dann klingt das schon etwas friedlicher.

Man kann „Magie" auch recht zutreffend als die „Wissenschaft der nicht-kausalen Vorgänge in der Religion" ansehen. Diese Auffassung hat vermutlich Aleister Crowley als erster deutlich formuliert: „Magie: Die Ziele der Religion und die Methoden der Wissenschaft."

Wenn man die Verdrängungen – also den Teufel – auflösen will, dann geht es darum, Religion nüchtern und sachlich anzuschauen. Damit ist nicht ein materialistischer Standpunkt gemeint, sondern das Vorgehen eines guten Forschers: Dinge anschauen, Dinge ausprobieren, die Beobachtungen aufschreiben, die Ergebnisse durchdenken, Erklärungsmodelle entwerfen, diese Modelle durch Experimente überprüfen, neue Beobachtungen machen usw. Auf diese Weise kann man herausfinden, welche Möglichkeiten man alles hat und wie das sinnvollste und effektivste Vorgehen aussieht. Die Frage dabei ist stets: Was wirkt wirklich?

Es geht weder um das unbegründete „Glauben" der Religionen, noch um das Beharren auf einer bestimmten Weltsicht, wozu auch die rein naturwissenschaftlich-materielle Weltsicht gehört – es geht um Versuch und Irrtum und Erkenntnis und Anwendung.

Was ist Dein eigener Teufel?

9. Streben

Der neunte Tempel der Religionen ist der Tempel der Ideale.

Wann gibt es in Religion ein Streben? Wenn man erkannt hat, wohin Religion einen selber und das eigene Leben führen kann.

Jede Religion hat ein Ziel:

- In den vom Schamanismus und vom Totenkult geprägten „altsteinzeitlichen" Religionen ist das das Überleben und die Zugehörigkeit zur Sippe.

- In den durch die vielen Götter und die Mythen geprägten „jungsteinzeitlichen Religionen" ist dies der Einklang mit der Welt, also das Erlangen der „Richtigkeit".

- In den monotheistischen Religionen ist das Minimalziel das „in den Himmel kommen" nach dem Tod. Das Maximalziel ist das Erleben der Einheit mit Gott schon zu Lebzeiten. Dieser Zustand wird im Hinduismus „Samadhi" genannt, im Taoismus „Tê", im Buddhismus „Nirvana" (hier ist der Begriff ein wenig anders definiert), im Jainismus „Bodhi", im Judentum/Kabbala „Tikkun Olam", im Christenum „Unio mystika", im Zen „Satori", im Islam „Fanā" usw. Dieses Erlebnis der Einheit mit Gott – also die „Erleuchtung" – wird durch Gebete, Meditationen, Rituale u.ä. erreicht.

- Das Ziel im Materialismus ist ganz schlicht Gesundheit, Wohlstand und Reichtum und evtl. noch Ruhm.

- In der Epoche der Globalisierung ist ein stabiles Gesamtsystem der Menschheit, das dazu führt, dass der Planet Erde weiterhin bewohnbar bleibt und das Leben auf ihm für die Menschen angenehm ist, das vorrangige Ziel. Dafür sind jedoch noch viele Veränderungen notwendig, wie die deutliche Reduzierung der Weltbevölkerung, die Verminderung des CO_2-Ausstoßes, das Rohstoff-Recycling und noch einiges andere.

Diesen allgemeinen Ziele sind jeweils die individuellen Ziele untergeordnet bzw. in sie eingebettet.

Die Ziele früherer Epochen bleiben in den auf sie folgenden Epochen erhalten – auch im Zeitalter der Globalisierung ist es notwendig, sich um das eigene Überleben zu kümmern.

Daher haben wir heute in der Epoche der Globalisierung fünf allgemeine Ziele: das Überleben, das Leben in Richtigkeit, die Erleuchtung, den Wohlstand und das Bewahren der Erde.

Diese fünf Ziele sind keineswegs ein Widerspruch, sondern bauen aufeinander auf und ergänzen sich gegenseitig.

Der Priester in diesem Tempel der Ideale ist der Redner.

In den drei monotheistischen Religionen – Judentum, Christentum und Islam – liegt der Ideal-Zustand und der Ideal-Ort im Jenseits: das Paradies. Auch der Hinduismus und der Buddhismus kennen das Jenseits-Paradies, das bei ihnen aufgrund der Ansicht, dass es die Reinkarnation gibt, jedoch nur ein vorübergehender Zustand ist. Auch der Gegenpol zum Paradies – die Hölle – ist diesen Religionen bekannt.

Die Grundvorstellung ist dabei überall dieselbe: Wer sich an die Regeln hält, kommt in den Himmel, wer gegen sie verstößt, kommt in die Hölle. Die Ähnlichkeit mit dem Königtum ist nicht zu übersehen: Wer sich an die Gesetze hält, wird belohnt – wer gegen die Gesetze verstößt, wird bestraft. Aber ist Gott wirklich so etwas wie ein herrschsüchtiger König?

Auch die Religionen der Jungsteinzeit kennen solch ein Jenseits, das einem großen Garten – dem Paradies der Ackerbauern – gleicht: das Am-Duat der Ägypter, das Tier-nan-og der Kelten, das auch Avalon genannt wurde, das Walaskialf der Germanen, das Atlantis der Griechen usw. All diese Orte, in die man nach dem Tod gelangte, waren eine „Insel im Westen": der Ort, an dem die Sonne abends das Jenseits betrat.

Das Jenseits-Bild der Altsteinzeit entsprach vermutlich dem vieler Indianer-Völker in Nordamerika: die ewigen Jagdgründe.

Das „Land, in dem Milch und Honig fließen" der jungsteinzeitlichen Ackerbauern ist offensichtlich das Ideal der Diesseits-Lebensweise. Man darf zumindest bezweifeln, dass diese Paradiese und die dazugehörigen Höllen wirklich verlässliche Augenzeugenberichte über die Zeit nach dem Tod sind.

Andererseits sprechen aber die Geister in Spukhäusern (die keineswegs selten vorkommen), die Nahtod-Erlebnisse, die Erinnerungen von kleinen Kindern an ein früheres Leben dafür, dass nach dem Tod etwas anderes als nur „Nichts" kommen wird.

Das im Einzelnen genauer zu untersuchen, würde hier allerdings recht viel Platz benötigen und den Rahmen dieses Buches sprengen.

Die übrigen Ideale und Regeln der Religionen beziehen sich zum allergrößten Teil auf das Verhalten der Menschen im Diesseits und sollen zu einem weitgehend friedlichen und gerechten Zusammenleben führen.

Allerdings werden so gut wie immer auch Meditationen, Lebensweisen und Rituale beschrieben, durch die man schon zu Lebzeiten mit seiner Clan-Gottheit oder dem Einen Gott in Kontakt kommen kann und dadurch dann in einem ganz anderen Zustand lebt. Doch es gibt immer nur wenige, die sich ernsthaft die Mühe machen, diese andere Lebensweise und diesen anderen Bewusstseinszustand anzustreben und zu erreichen. Eigentlich wird Religion jedoch erst mit diesem Streben wirklich interessant …

Der Segen, den man von dem Redner in dem Tempel der Ideale erhält,
ist die Weitsicht.

Es ist notwendig, sich genügend Zeit zum Nachdenken zu nehmen, wenn man einem Redner, Lehrer, Propheten, Guru, Heiler usw. zugehört hat, um zu einer eigenen Ansicht zu diesen „Worten des Weisen" zu finden.

Generell kann man sagen, dass der, der keine Ziele hat, sie wahrscheinlich auch nicht erreichen wird … Oder anders gesagt: Wer nicht weiß, wo er hinwill, muss sich nicht wundern, wenn er ganz woanders ankommt.

Es ist also notwendig, sich darüber klar zu werden, wie man leben will und was man sein will. Zu diesen Zielen können die Religionen viele Anregungen geben und dazu auch noch etliche wertvolle Werkzeuge um diese Ziele auch zu erreichen.

Doch wo man hinwill, muss man selber ergründen und beschließen.

Wonach würdest Du im Tempel der Ideale fragen?
Worum würdest Du dort bitten?

Die zentralen Werte in der Altsteinzeit waren das Überleben und die Gemeinschaft; in der Jungsteinzeit waren dies die Richtigkeit und die eigene Clan-Gottheit; im Königtum waren dies Gottes Wille und der Gehorsam; im Materialismus waren dies Stärke und Reichtum; und in der heutigen Epoche der Globalisierung sind dies die Menschheit und ihr kollektives Überleben auf der Erde.

Diese Werte sind auch die kollektiven Werte, die die Menschheit als Ganzes anstrebt. Die vorliegende Buch-Reihe ist der Versuch, etwas zur Klärung dieser Werte, dieser Ideale und der Wege zu ihrer Verwirklichung beizutragen.

Der Weg zu dem Tempel der Ideale führt über die Brücke der Hoffnung
und durch das Tor des Strebens.

In Gespräche mit Gott" heißt es: „Schaue zuerst, wo Du hin willst, und frage dann, wer mitkommt."

Das könnte man hier leicht abwandeln: „Schaue zuerst, wo Du hinwillst, und frage dann, welche Religion oder welche Religionen Dich dabei am besten unterstützen können."

Was sind Deine eigenen Ideale?

10. Beständigkeit

♑

Der zehnte Tempel der Religionen ist der Tempel der Götter.

Wann schenkt Religion einem selber Beständigkeit? Wenn man den lebendigen Kontakt zu den Göttern erlangt hat.

Das Wort „Religion" leitet sich von dem lateinischen „religio" für „Rückverbindung, Rückhalt" ab. Dieses Wort beschreibt eine wesentlich Aufgabe der Religion: Sie soll den Menschen Halt geben – Rückhalt bei den Göttern oder bei dem Einen Gott. Dies sollte die Religion jedoch nicht durch Vorschriften (und Angst vor dem Verstoßen gegen diese Vorschriften) zu erreichen versuchen, sondern dadurch, dass sie den Menschen Erlebnisse ermöglicht, die ihnen dann diesen Halt geben. Auch in anderen Sprachen gibt es diese Vorstellung der Religion bzw. der Götter als Rückhalt. So bedeutet z.B. das germanische Wort „bönd" zunächst einmal „Band" – es kann jedoch im Sinne von „Verbindung" auch als Bezeichnung für die Gesamtheit der Götter verwendet werden. Das Urbild für diese Rückverbindung und diesen Rückhalt ist die Nabelschnur.

Der Weg zu diesem Rückhalt bei den Göttern der Jungsteinzeit bzw. bei dem Einen Gott des Monotheismus führt zunächst zu der Selbsterkenntnis, von dort aus weiter zu der Erkenntnis seiner Clan-Gottheit und schließlich zu dem Einen Gott.

Eine andere Art von Rückhalt aus dem etwas weiter gefassten religiösen Bereich ist das eigene Horoskop, das das ganze eigene Leben über dasselbe bleibt. Es beschreibt den eigenen Stil, aber nicht die einzelnen Handlungen; es beschreibt die eigene Tonart, aber nicht die Melodien, die man in dieser Tonart spielt.

Schließlich gibt es noch die „drei Verbündeten", die in der Homöopathie oft als die „Konstitutions-Mittel" auftauchen, aber eigentlich aus dem Schamanismus stammen.

Man kann diesen drei Verbündeten auch auf Traumreisen, in Meditationen oder bei Familienaufstellungen begegnen. Diese drei Verbündeten sind:

- ein Tier, das der eigenen Art, sich zu bewegen und Dinge zu tun entspricht,

- eine Pflanze, die der eigenen Haltung entspricht; und

- ein Stein, der der eigenen bevorzugten Struktur entspricht.

Auch diese drei Verbündeten bleiben das ganze Leben über dieselben und können daher ebenfalls eine großen Rückhalt und eine sichere Identität geben.

Wenn man den Kontakt zu ihnen gefunden hat, kann man durch Meditationen, Traumreisen u.a. jederzeit erneut den Kontakt zu ihnen herstellen.

Der geübte Homöopath kann an dem Verhalten des Patienten erkennen, welche Art von Mittel er braucht:

- Wenn der Patient ständig aufbraust und sehr emotional ist, braucht er ein tierisches Mittel – Tiere bewegen sich;

- wenn er immer wieder ein bestimmte Haltung einnimmt oder eine bestimmte Geste wiederholt, braucht er ein pflanzliches Mittel – Pflanzen haben eine Haltung; und

- wenn er immer wieder auf einem bestimmten Zusammenhang beharrt, braucht er ein mineralisches Mittel – Steine haben eine Struktur.

Die Priesterin in diesem Tempel des Rückhalts ist die Leiterin der Rituale.

Die meisten Menschen brauchen einen sicheren Rückhalt und ein festes System. Das kann das Vertrauen in die eigene Kraft, Freunde, die Familie, ein Weltbild oder auch noch vieles andere sein – und auch die Religion. Für die Menschheit als Ganzes können dieselben Dinge den Rückhalt bilden, aber bei den Weltanschauungen und bei den Religionen sind zusätzlich auch noch die Toleranz und die Freude an der Vielfalt der Weltanschauungen und der Religionen nötig, da sonst nur allzu leicht Welt-anschauungs- und Religions-Kriege entstehen.

Jeder braucht das, was für ihn selber passt, aber er wird auch durch die Tradition der Familie und des Landes, in die er geboren wird, geprägt. Doch trotz dieser Tradition, die erst einmal der „natürliche Rückhalt" eines Menschen ist, sollte es doch auch immer den Freiraum und die Bereitschaft für eine Veränderung der eigenen Ansichten geben, wenn man grundlegend neue Dinge erkannt oder erlebt hat.

Das Fundament für diesen Rückhalt und diese Weltanschauung bzw. Religion ist in den fünf Epochen verschieden bzw. erweitert sich in jeder Epoche ein stückweit:

- Altsteinzeit: Alltags-Wissen

- Jungsteinzeit: Tradition

- Monotheismus: Gesetz/Dogma

- Materialismus: Naturgesetze

- Epoche der Globalisierung: Selbsterhaltung der Menschheit

Manchmal neigen die Menschen dazu, Widersprüche, die sie erkennen, nicht dazu zu benutzen, ihr bisheriges System zu überdenken, sondern etwas dazu zu erfinden, was den Widerspruch vermeintlich auflöst. Leider führt dieser Ansatz weg von einem Weltbild mit solidem Realitätsbezug …

Das bekannteste Beispiel für dieses Verhalten ist das Jenseitsgericht:

- Im Monotheismus ist der Eine Gott allmächtig.

- Im Monotheismus erlässt der Eine Gott auch die Gesetze, nach denen die Menschen leben sollen

- Im Monotheismus ist dieser Eine Gott auch immer gerecht.

- Doch auf der Erde gibt es so viele Taten, die den göttlichen Gesetzen widersprechen, dass Gott entweder nicht gerecht oder nicht allmächtig sein kann – er kann unmöglich beides sein, denn dann müssten alle Übeltäter bestraft werden.

- Dieses offensichtliche religions-theoretische Dilemma führte dazu, dass das Jenseitsgericht eingeführt wurde, denn nur so konnte die These, dass der Eine Gott sowohl gerecht als auch allmächtig ist, aufrecht erhalten werden.

- In Religionen, die von einer Reinkarnation ausgehen – wie z.B. Hinduismus und Buddhismus – wurde zur Aufrechterhalten der vermuteten gerechten Allmacht des Einen Gottes bzw. der Gesamtheit der Götter das Karma erfunden, dass die Strafe für die Taten in diesem Leben teilweise in das nächste Leben verlegt hat.

Somit war das Problem durch die Einführung des Jenseitsgerichtes vorerst gelöst. Doch es gab immer noch kritische Denker, die sich die Sache genauer angeschaut haben und noch immer nicht ganz zufrieden waren. Allerdings waren das so wenige, dass sich die Religionen nicht die Mühe machten, zu diesem zweiten Einwand eine Entgegnung zu suchen.

- Der Eine Gott hat die Menschen erschaffen. Sie sollten also so sein, wie er sie haben wollte – sofern er wirklich allwissend und allmächtig ist.

- Doch dann sündigten die Menschen, d.h. sie taten nicht das, was Gott ihnen als Verhalten befohlen hat. Warum? War Gott nicht allmächtig? Oder hat er nicht gewusst, was er da schuf? Wenn er wirklich allmächtig und allwissend sein sollte, sollte es keine Menschen geben können, die nicht vollkommen in Einklang mit Gottes Willen handeln. Doch den von Gott verkündeten Gesetzen zufolge sind alle Menschen Sünder.

- Es gibt sogar die These, dass jeder Mensch in sich eine Ursünde, eine Erbsünde trägt, aufgrund derer er überhaupt nicht in der Lage ist, sündenfrei zu leben. Was hat Gott da bloß erschaffen und warum?

- Nun – er hat ja Christus geschickt, um die Sache wieder in Ordnung zu bringen und den Menschen zu zeigen, wo's lang geht. Doch man kann nicht behaupten, dass die Menschen seitdem sündenfrei leben würden. Auch dieser Versuch von Gott ist fehlgeschlagen – was heftig ist, wenn man bedenkt, dass Christus aufgrund des christlichen Dreieinigkeits-Prinzips ja selber Gott gewesen ist. Gott hat seinen Irrtum, den er als Gott-Vater bei der Erschaffung der Menschen begangen hat, offenbar auch als Gott-Sohn nicht wieder in Ordnung bringen können.

- Die kirchliche Theorie zu diesem Punkt ist, dass Gott keineswegs den Menschen anders erschaffen hat als er ihn erschaffen wollte, sondern dass er den Menschen die Freiheit gegeben hat. Doch warum gibt er den Menschen die Freiheit, wenn er sie dann doch anschließend bestraft, wenn sie ihm nicht mit jedem Willensimpuls, jedem Gefühl, jedem Gedanken und jeder Tat vollkommen gehorchen? Ist Gott etwa ein Sadist?

Diese Widersprüche bedeuten nun keinesfalls, dass es den Einen Gott nicht gibt, aber er ist offenbar nicht so etwas wie ein gerechter und allmächtiger König – denn das führt sofort zu eklatanten Widersprüchen.

Aber was ist er dann? Wer hat ihn schon mal gesehen oder erlebt? Die Mystiker, Rabbis, Kabbalisten, Yogis, Sufis, Lamas usw., die ihn durch Meditationen und Rituale schließlich gefunden und erlebt haben, berichten nie, dass sie einem herrischen, zornigen oder strafenden Gott begegnet wären. Sie erzählen über eine Einheit und über ein gleißend-weißes Licht, das in ihnen selber bei dieser Begegnung mit Gott Liebe und Ekstase ausgelöst hat.

Nicht die Vorstellung, dass es diesen einen-alles-einzigen Gott gibt, ist falsch, sondern nur die Vorstellung, dass er so etwas wie ein „allwissender, allgerechter und allmächtiger König im Himmel" ist.

Der Segen, den man von der Leiterin der Rituale in dem Tempel des Rückhalts erhält, ist die Sicherheit.

Was sollte man nun tun, wenn man erkannt hat, dass man für ein gutes Leben irgendeine Art von Rückhalt dringend notwendig braucht? Man kann sich ansehen, wann man von wem und warum verlässlich Rat und Hilfe erhält. Das ist schließlich das, wozu man den Rückhalt der Religion im Alltag benutzt.

Wenn man sich das näher anschaut, werden bei den „erfolgreichen Wünschen" fünf Elemente deutlich – egal ob man das Ganze nun als religiöse Bitte, magisches Herbeirufen oder Synchronizitäts-Vorgang betrachtet:

- Der Wunsch sollte eindeutig sein, also ein „Ja", das von ganzem Herzen kommt – also kein zögerliches „Ja, aber …", das unter einer inneren Spannung steht.

- Man sollte ein Bild von dem, was man sich wünscht, haben – und dieses Bild sollte mit einem Gefühl verbunden sein – eine leise lächelnde Vorfreude auf das, was kommen wird.

- Der Wunsch sollte an eine Gottheit gerichtet sein, der man vertraut – das ist zwar nicht unbedingt nötig, aber für die meisten Menschen macht das das Wünschen deutlich einfacher.

- Der Wunsch sollte eingerichtet sein – das bedeutet nicht, dass man stundenlang ganz verkrampft auf das Wunschbild starrt, sondern nur, dass man auf den Wunsch ausgerichtet ist. Dieser Teil ist mit dem ersten Punkt – dem eindeutigen und widerspruchsfreien Wunsch – eng verbunden.

- Schließlich braucht der Wunsch Freiheit, damit er seine Wirkung entfalten kann – man kann der Gottheit vertrauen, an die man den Wunsch gerichtet hat; man kann den Wunsch nach dem Wünschen einfach wieder vergessen; man kann etwas auch nur ganz entspannt so nebenbei wünschen …

Diese Art von Vertrauen kann man bei Christus deutlich sehen: Er bedankt sich erst bei Gott für dessen Hilfe und vollbringt dann erst nach seinem Danken für Gottes Hilfe das Wunder, bei dem ihm Gott hilft.

Diese Art des Wünschens findet man vor allem in Sekten, religiöse Kleingruppen, Magier-Orden und dergleichen mehr, also in Gruppen, die ein gleiches Weltbild und eine übereinstimmende „Wunsch-Methode" haben. Das bedeutet nicht, dass man nur als Gruppe auf diese Weise wünschen kann, sondern nur, dass es vielen Menschen in einer Gruppe leichter fällt, auf diese Weise zu wünschen.

Die „Jesus-People" setzen sich z.B. morgens zusammen und schreiben auf einen Zettel, was sie an diesem Tag alles brauchen: einen Schlafplatz, etwas zu essen, ein Fahrrad … Dann beten sie gemeinsam und bitten um das, was sie aufgeschrieben haben – und ganz zuverlässig sind die Dinge alle bis zum Abend bei ihnen angekommen. Das ist natürlich etwas, was man nur als ganz reale Möglichkeit erkennen kann, wenn man es selber mal erlebt hat.

Dieses religiös-magische Bitten um Hilfe ist ein schöpferischer Vorgang.

Wonach würdest Du im Tempel der Götter fragen?
Worum würdest Du dort bitten?

An wen wendet man sich in den verschiedenen Epochen, wenn man Rat und Hilfe braucht? Auf wen vertrauen die Menschen in den verschiedenen Epochen?

- In der **Altsteinzeit** wandte man sich an die Eltern oder an die verstorbenen Eltern – an die Ahnen. Diese Methode ist mittlerweile durch den Spiritismus und die Familienaufstellungen wiederbelebt worden. Möglicherweise wandten sie sich die Menschen damals auch noch an die „Große Mutter".

- In der **Jungsteinzeit** bat man die Götter und Göttinnen und vor allem die eigene Clan-Gottheit um Hilfe. Das Wiederentdecken der Gottheit, unter deren Schutz man steht, wird seit ca. 40 Jahren ganz allmählich wieder bekannter.

- In der Epoche des **Königtums** wandte man sich an den Einen Gott oder an seinen Propheten (Moses, Christus, Mohammed) oder einen Erleuchteten (Buddha, die Heiligen) oder an einen Boten des Einen Gottes (Engel, Apsaras). Das ist im Rahmen der monotheistischen Religionen noch immer üblich.

- Im **Materialismus** gab es keine Möglichkeit, sich etwas „erfolgreich zu wünschen", da das Weltbild von der Kausalität geprägt war und es in der Kausalität keinen Platz für solche Vorgänge gibt. Daher war man in dieser Epoche ganz auf die schrittweise äußere Umsetzung von Wünschen angewiesen, bei der lediglich evtl. Verwandte, Freunde, Therapeuten u.ä. geholfen haben.

- In der **Epoche der Globalisierung** werden sich die meisten entweder weiterhin an den Einen Gott oder an das Universum oder – etwas bescheidener – an Gaia als der Göttin der gesamten Erde.

Es ist zwar verschieden, an wen man sich bei diesem religiös-magischen Wünschen wendet, doch der Vorgang des Wünschens ist immer derselbe.

Der Weg zu dem Tempel der Götter führt über die Brücke der Aufrichtigkeit und durch das Tor der Prüfung.

In den einzelnen konkreten Religionen gibt es auch Rituale für dieses Wünschen, das von Kerzen-Anzünden und einem Gebet in einer Kirche über Weihrauch-Verbrennen und Opfergaben bis hin zu Talisman-Weihungen und ausgefeilte Rituale reicht.

Doch dieses Wünschen kann auch vollkommen formlos geschehen und ist ebenfalls in allen Religionen üblich. Eine besondere, formlose Variante des Wünschens ist das „Stoßgebet" in Notlagen.

Was sind Deine eigenen Götter?

11. Utopie

~~~

Der elfte Tempel der Religionen ist der Tempel der Zukunft.

Wann machen Religionen eine Utopie deutlich? Wenn die Religion fest in der Realität verwurzelt ist und die Folgen der eigenen Handlungen deutlich geworden sind.

Die Religion muss zudem auch „zeitgemäß" sein, d.h. sie muss die aktuellen Probleme beschreiben und ein Vorbild für die Lösung dieser Probleme sein. Eine Religion verdient den Namen „Religion" – also „Rückverbindung, Rückhalt" – nur dann, wenn sie wirklich die Probleme der Menschen sieht und sie löst.

Wenn man die nun schon mehrfach beschrieben fünf Epoche betrachtet, wird deutlich, dass sich die Grundform der Religion jedesmal geändert hat, wenn sich die Grundform des Lebens der Menschen auf der Erde geändert hat: bei der Erfindung des Ackerbaus, bei der Entstehung der Königreiche, bei der Entwicklung des Materialismus, bei der Entstehung der Globalisierung der Menschheit …

Die Religionen haben also derzeit die Aufgabe, eine neue Form zu entwickeln, die maßgeblich dabei mithilft, die derzeitigen Probleme wie Überbevölkerung, Klimaerwärmung, Umweltzerstörung, Artensterben, Rohstoffknappheit, atomare, biologische und chemische Waffen, Kriege usw. dauerhaft zu lösen. Um das erreichen zu können, werden die Religionen nicht so bleiben können, wie sei derzeit sind.

Einige Punkte, die diese Religions-Utopie sehr wahrscheinlich enthalten wird, sind:

- die Ausrichtung auf die Erde als Ganzes;

- die Erhaltung der Erde als für den Menschen bewohnbaren Planeten;

- das Einhalten von Grenzwerten;

- das Verstehen der gegenseitigen Abhängigkeit von allem auf der Erde und auch der Kreisläufe und Fließgleichgewichte in diesen Verbindungen;

- die Auffassung der Erde und aller Lebewesen auf ihr als einen Gesamt-Organismus;

- die Auffassung von Gott als das Gesamtbewusstsein der Welt;

- die Auffassung von Gaia als das Gesamtbewusstsein der Erde;

- die Auffassung der Materie und des Bewusstseins als der Innenseite und der Außenseite derselben Sache;

- die Erkenntnis, dass nicht nur die Materie auf das Bewusstsein (Gestaltung der Umwelt) wirken kann, sondern auch umgekehrt das Bewusstsein auf die Materie (religiöse oder magische Wünsche);

- die Vorstellung eines organischen Aufbaus des Bewusstsein, das von dem Bewusstsein eines einzelnen Menschen über das Familien-Bewusstsein (wie es in Familienaufstellungen deutlich wird) und das Bewusstsein eines Volkes bis zu dem kollektiven Unterbewusstseins der Menschheit reicht; und dann weiter zu dem Gesamtbewusstsein aller Lebewesen auf der Erde und dem Gesamtbewusstsein der Erde („Gaia") und schließlich bis zu dem Gesamtbewusstsein der Welt („Gott");

- eine Synthese aus den bisherigen religiösen und wissenschaftlichen Erkenntnissen, die auch so etwas wie einen „Konzil der Götter aller Religionen" beinhaltet.

Dies sind nur ein paar wenige Eckdaten dieser „neuen Religionsform". Diese „Neue Religion" muss auch nicht erschaffen werden, sondern braucht nur entdeckt werden.

Menschen, die z.B. Traumreisen zu Göttern durchführen, sind oft davon überrascht, dass sie dabei z.B. Christus, Krishna, Buddha, Mohammed, Isis und die Dakota-Göttin Pte-san-win wie Freunde beisammen stehen sehen. Diese Menschen sind fast immer sehr erleichtert, wenn sie so ein „Götter-Treffen" erlebt haben – sie müssen sich anschließend nicht mehr für eine einzige Religion entscheiden, sondern können ganz entspannt zu den Göttern und Göttinnen aller Religionen gehen und in der Traumreise mit ihnen sprechen und sie um Rat und Hilfe und Weisheit bitten.

Die „Versammlung der Götter" ist daher nichts, was wir erschaffen müssten, sondern sie ist etwas, was schon immer da war und was wir lediglich nicht gesehen haben. Es gibt zwischen Göttern keinen Krieg – Religions-Kriege führen nur die Menschen …

Der Priester in diesem Tempel der Zukunft ist der Ökologe.

Wenn sich die im vorigen Abschnitt beschrieben Elemente der „Neuen Religion", die sich aus den alten Religionen und der derzeitigen Notwendigkeit eines anderen kollektiven Verhaltens der Menschen auf der Erde entwickelt, nach und nach entfalten und deutlicher werden, werden die Menschen in ihrem kollektiven Verhalten die Pubertät des Materialismus hinter sich lassen und sich wie Erwachsene verhalten. Dann wird sich die Menschheit als Ganzes wie eine große Familie verhalten – die Dringlichkeit eines solchen Verhaltens ist ja kaum zu übersehen.

Die Haltung in dieser Menschheits-Familie wird das Vertrauen des Einzelnen in diese Familie und die Verantwortung des Einzelnen für diese Familie sein.

Der Segen, den man von dem Ökologen in dem Tempel der Utopie erhält,
ist das Erhalten einer bewohnbaren Welt.

Angesichts dieser Verwandlung der bisherigen Weltsicht und der alten Religionen – die bisher allerdings nur in kleinen Ansätzen zu sehen ist – besteht die Notwendigkeit für jeden Einzelnen, sich die verschiedenen Religionen, Traditionen, Vorstellungen, Ansichten, Methoden usw. anzuschauen und sie kennenlernen, um sich dann das zusammenzustellen, was für einen selber am besten passt und womit man sich am wohlsten fühlt.

Die „ökologische Religion" und die „Versammlung der Götter" sind einerseits eine Kooperation und eine Synthese, aber andererseits ermöglicht das auch eine viel stärkere Individualisierung der Religion, weil jeder ein viel größere bewusste Wahlfreiheit darüber hat, in welcher Weise er sich an welche Götter anbinden und bei ihnen Rat und Rückhalt suchen will, also wie er selber „seine eigene Religion" gestalten will.

Es ist anzunehmen, dass durch diese Entspannung zwischen den verschiedenen Religionen und durch die Einsicht, dass ein ökologisches Verhalten notwendig ist, insgesamt der Umgang der Einzelnen mit der Religion sehr viel kreativer werden wird.

Wonach würdest Du im Tempel der Utopie fragen?
Worum würdest Du dort bitten?

In einem Weltbild, in dem die verschiedenen Religionen nicht als die „einzige Wahrheit" aufgefasst werden, sondern als Möglichkeiten, die Welt zu betrachten – also als eine von vielen möglichen Beschreibungen der Welt – wird der Einzelne sehr viel freier sein als bisher. Man kann dann schauen, was für einen selber bei einem bestimmten Vorhaben am besten passt.

Das könnt eine bunte Mischung sein:

- die Derwisch-Tänze der Sufis im Islam, um sich selber zu zentrieren,

- die Zen-Übungen der inneren Stille, um inneren Frieden zu finden,

- ein Gebet an Christus, um Hilfe im Alltag zu erhalten,

- die Sigillen-Magie, um sich etwas herbeizuwünschen,

- die Traumreisen, um die eigene Seele zu erkennen,

- der Lebensbaum aus der jüdischen Kabbala, um Zusammenhänge zu verstehen,

- das Gayatri-Mantra, um mehr Kraft zu erhalten,

- das tibetische Lam Rim als Meditations-Landkarte,

- die Schwitzhütte in der Dakota-Tradition, um das Urvertrauen wiederzufinden,

- die Anrufung des Pan, um sich wieder lebendiger zu fühlen,

- die Bitte an Freyr, um zu Wohlstand zu gelangen,

  usw.

Diese größere stilistische und methodische Vielfalt wird zwangsläufig auch zu einer größeren Effektivität in allen religiösen Bestrebungen führen, da man die Dinge dann auf die eigene Weise machen kann – schließlich stehen einem in einem solchen „offenen Weltbild" viel mehr Möglichkeiten zu Verfügung als in einer einzelnen, nach außen hin abgeschotteten Religion …

Der Weg zu dem Tempel der Utopie führt über die Brücke der Kreativität
und durch das Tor des Aufbruchs.

Bislang gibt es drei Ansätze, die letztlich zu solch einer veränderten Religions-Auffassung führen werden:

- Die Notwendigkeit eines in umfassendem Sinne ökologischen Verhaltens der Menschen wird nach und nach auch die Religionen erreichen.

- Es gibt in zunehmendem Maße interreligiöse Treffen, die bisweilen auch gemeinsam zum Frieden aufrufen. Das steckt aber noch sehr in den Anfängen. Am auffälligsten ist in dieser Hinsicht der Dalai Lama, der immer wieder das Gespräch mit anderen Religionsführern und mit Wissenschaftlern sucht.

- Viele Einzelne fangen aus sich heraus an, mutiger und kreativer zu werden und verschiedene Dinge auszuprobieren. Daraus entsteht allmählich eine Art Bodensatz von soliden, auf ihre Wirksamkeit hin überprüften Methoden, die – da sie als wirksam erkannt worden sind – notwendigerweise auch Bestandteile der „Neuen Religion" sein werden.

Zu diesen Elementen zählen Yoga, Tarot, Astrologie, Meditation, Familien-aufstellungen, die Traumreise zur eigenen Seele, das Wüschen, Schwitz-hütten, Feuerläufe und dergleichen mehr.

Die „Neue Religion" hat sich noch nicht entfaltet, aber man kann schon sehen, dass ihre Wurzeln kräftiger werden.

Diese Entstehung einer „Neuen Religion" bedeutet auch nicht, dass die bisherigen Religionen zu existieren aufhören, sondern nur, dass sie in einen größeren Rahmen gestellt werden, der eine Kooperation zwischen allen Religionen und spirituellen Weltanschauungen und daher auch eine viel größere Kreativität ermöglicht.

Was ist Deine eigene Zukunft?

12. Grenzauflösung

♓

Der zwölfte Tempel der Religionen ist der Tempel der Weite.

Wann löst Religion Grenzen auf? Wenn man aufrichtig nach dem Ursprung der Welt und des Bewusstseins sucht.

Die monotheistischen Religionen, der Hinduismus und der Buddhismus enthalten alle auch Anleitungen darüber, wie man die Einheit der Welt erleben kann – also Gott bzw. das Nirvana erleben kann. Auf dem Weg dorthin gelangt man den Beschreibungen der Rabbis, Mystiker, Sufis, Yogis und Lamas übereinstimmend zuerst in den Bereich der Lebenskraft, dann in den Bereich der Seele und anschließend in den Bereich der Götter und erst danach zu der Einheit hinter aller Vielheit. Diese Übereinstimmung in der Beschreibung des Weges zu diesem Erlebnis lässt vermuten, dass hier etwas tatsächlich Vorhandenes beschrieben wird – eine wirklich allen offen stehende Erlebnismöglichkeit.

Dieser Weg hat fünf Stufen, die allerdings oft noch weiter differenziert werden:

1. die materielle Welt,

2. die Lebenskraft,

3. die Seelen,

4. die Götter und

5. die Einheit (der Eine Gott).

Diese fünf Stufen werden auch als individuelle Bereiche erlebt, also Teile, aus denen man selber besteht und die den eben genannten fünf Bereichen entsprechen:

1. der eigene materielle Körper;

2. der eigene Lebenskraftkörper, zu dem die Erlebnisse der Astralreise, das Reiki, das Horoskop, die Akupunktur, die Familienaufstellungen, die Homöopathie und noch vieles mehr gehören;

3. die eigene Seele, die die eigene Essenz ist;

4. die eigene Clan-Gottheit, die die eigene Heimat ist; und

5. Gott, die die Einheit hinter aller Vielheit ist.

Das Erlebnis der eigenen Clan-Gottheit ist ein Auflösen aller Abgrenzungen. Götter haben zwar einen klar beschreibbaren Charakter, aber sie sind selber nicht abgegrenzt – schließlich können auch 1000 Menschen gleichzeitig zu Christus beten, sich auf einer Traumreise mit Isis unterhalten oder über Krishna meditieren.

Diese Abgrenzungslosigkeit ist auch ein wesentliches Merkmal der Epoche der Globalisierung, in der erkannt wird, dass alles einen Einfluss auf alles andere hat und dass man nichts isoliert betrachten kann. Daher ist anzunehmen, dass dieses Erlebnis der Abgrenzungslosigkeit auch in den Religionen der Epoche der Globalisierung, die vor 80 Jahren begonnen hat, noch eine größere Rolle spielen wird.

Dieses Erlebnis der Auflösung der eigenen Grenzen, das anscheinend allen Rabbis, Mystiker, Sufis, Yogis und Lamas bekannt ist, kann man zwar beschreiben, aber wirklich begreifen kann man es nur durch das eigene Erleben.

Die Priesterin in diesem Tempel der Weite ist die spirituelle Freundin.

Das allgemeine religiöse Weltbild wird sich durch mindestens zwei Impulse weiterentwickeln – zum einen durch die Notwendigkeit der Ökologie und der Kooperation auch zwischen den verschiedenen Religionen und zum anderen durch das Erforschen von dem, was in den Religionen und in den der Religion verwandten Bereichen wie Homöopathie, Astrologie, Magie, Geistheilen, Akupunktur usw. eigentlich wirkt.

Diese Entwicklungen und Forschungen werden vermutlich auch dazu führen, dass Traumreisen zu den Göttern und innere Gespräche mit ihnen deutlich normaler werden als sie heute noch sind. Bislang wurden diese intensiveren Kontakte „nach oben" allgemein den Priestern überlassen – in der Hoffnung, dass sie auch wirklich dazu in der Lage sind, diesen Kontakt zu den Göttern bzw. zu Gott herzustellen.

Es wäre auch denkbar, dass die Reinkarnation gründlicher erforscht wird, da auch sie ein Element ist, das die Grenzen des Einzelnen mit seinem einzelnen Leben auflöst.

Doch eine gründlichere Betrachtung dieser Themen würde den Rahmen dieses Booklets sprengen.

Der Segen, den man von der spirituellen Freundin in dem Tempel der Weite erhält, ist die Allverbundenheit.

Es ist anzunehmen, dass durch die in den bisherigen Kapiteln dieses Buches beschriebenen Entwicklungen die Religion insgesamt wieder viel stärker in den Alltag integriert werden wird. Das wird ganz einfach deshalb so sein, weil die gründliche Auseinandersetzung mit den Religionen und den spirituell-magischen Methoden deutlich machen wird, was man auf welche Weise alles mit einem geübten Bewusstsein erreichen kann.

… und ein gut funktionierendes Werkzeug spricht sich schnell herum und wird schon bald von vielen bei vielen Gelegenheiten benutzt werden.

*Wonach würdest Du im Tempel der Weite fragen?
Worum würdest Du dort bitten?*

Das wichtigste Erlebnis in der heutigen Epoche der Globalisierung wird die Auflösung der eigenen Grenzen sein. Das ist ein Zustand, der zwar Anfangs Angst machen kann, weil er so ungewohnt ist, der aber anschließend ausgesprochen angenehm ist und den man dann gar nicht mehr wieder verlassen will.

Diese Abgrenzungslosigkeit einschließlich der Angst vor ihr und auch einschließlich des Wohlbefindens, wenn man sie schließlich trotzdem erreicht hat, kann man auch in der Politik und in der Wirtschaft wiederfinden. Derzeit macht die Auflösung der Grenzen noch vielen Angst, wie man an der erstarkenden Fremden-feindlichkeit sehen kann. Oft soll nur das eigene Land vor den Migranten geschützt werden anstatt dass man die Ursachen der Migration behebt.

Diese Ursachen der Migration sind vor allem die Klimaerwärmung, die Armut in manchen Ländern und die Kriegen. Es ist also ein friedliches und ökologisches Verhalten notwendig, damit „Frieden auf Erden" entstehen kann. Dieser Frieden ist das kollektive Wohlbefinden, nachdem man gelernt hat, die Abgrenzungslosigkeit – die in der Politik und der Wirtschaft „Globalisierung" genannt wird – anzunehmen und vernünftig mit ihr umzugehen.

Der Weg zu dem Tempel der Weite führt über die Brücke der Abgrenzungslosigkeit und durch das Tor der Götter.

Bislang tragen die bestehenden Religionen noch recht wenig zu dieser Entwicklung bei, aber es bildet sich – wie bereits gesagt – bereits ein Bodensatz an religiös-spirituellen Erkenntnissen, die die derzeit nötige Weitung des Selbstverständnisses und der politischen und wirtschaftlichen Ansichten und Verhaltensweisen fördert.

Was ist Deine eigene Weite?

Bücher von Harry Eilenstein

Magie für Anfänger
- Telepathie für Anfänger (60 S.)
- Telepathie für Fortgeschrittene (52 S.)
- Telekinese für Anfänger (52 S.)
- Analogien für Anfänger (56 S.)
- Omen und Orakel für Anfänger (52 S.)
- Lebenskraft für Anfänger (60 S.)
- Meditation für Anfänger (56 S.)
- Kundalini für Anfänger (100 S.)
- Hypnose für Anfänger (56 S.)
- Kampfmagie für Anfänger (172 S.)
- Auto-Movement für Anfänger (56 S.)
- Chakra-Magie für Anfänger (148 S.)
- Astralreisen für Anfänger (56 S.)
- Astrologie für Anfänger (120 S.)
- Astrologische Quadrate für Fortgeschrittene (72 S.)
- Partnerhoroskope für Anfänger (100 S.)
- Silberschnüre für Anfänger (52 S.)
- Zaubersprüche für Anfänger (60 S.)
- Ritual-Magie für Anfänger (56 S.)
- Mandalas für Anfänger (68 S.)
- Geldzauber für Anfänger (56 S.)
- Liebeszauber für Anfänger (52 S.)
- Invokationen für Anfänger (52 S.)
- Evokationen für Anfänger (60 S.)
- Geister für Anfänger (52 S.)
- Elfen für Anfänger (56 S.)
- Magie-Forschung für Anfänger (140 S.)
- Magie-Romantik für Anfänger (60 S.)
- Selbsterkenntnis für Anfänger (52 S.)
- Einweihungen für Anfänger (60 S.)
- Drogen-Kabbala für Anfänger (216 S.)
- Zahlensymbolik für Anfänger (60 S.)
- Die Sprache des Mondes – für Anfänger (116 S.)
- Zaubergesänge für Anfänger (100 S.)
- Zukunftschau für Anfänger (60 S.)
- Schamanismus für Anfänger (52 S.)
- Schwitzhütten für Anfänger (52 S.)
- Magische Gegenstände für Anfänger (68 S.)
- Übertragungen für Anfänger (68 S.)
- Zaubertränke für Anfänger (64 S.)
- Magie-Gesten für Anfänger (252 S.)
- Da'ath-Magie für Anfänger (64 S.)
- Magie-Heilungen für Anfänger (68 S.)
- Kornkreise für Anfänger (348 S.)
- Feng Shui für Anfänger (96 S.)
- Tao für Anfänger (112 S.)
- Magie für Anfänger – Sammelband   I (696 S.)
- Magie für Anfänger – Sammelband II (664 S.)
- Magie für Anfänger – Sammelband III (580 S.)
- Magie für Anfänger – Sammelband IV (700 S.)
- Magie für Anfänger – Sammelband V (676 S.)
- Magie für Anfänger – Sammelband VI (640 S.)

Magie
- Handbuch für Zauberlehrlinge (408 S.)
- Wie man das Pentagramm-Ritual zum Leben erweckt (308 S.)
- Tarot (104 S.)
- Physik und Magie (184 S.)
- Die Synthese von Physik und Magie (200S.)
- Die Magie-Formel (156 S.)
- Schwarze Löcher in der Magie (56 S.)
- Krafttiere – Tiergöttinnen – Tiertänze (112 S.)
- Schwitzhütten (524 S.)
- Mythen und Magie der Harfe (116 S.)
- Drei Adeptus Major Rituale (192 S.)
- Drei Adeptus Exemptus Rituale (120 S.)
- Zwei Infans Abyssi Rituale (128 S.)

Traumreisen
- Traumreisen zu Heilpflanzen (700 S.)
- Traumreisen zum kabbalistischen Lebensbaum (132 S.)

Meditation
- Der Lebenskraftkörper (230 S.)
- Die Chakren (100 S.)
- Das Chakren-System mit den Nebenchakren (296 S.)
- Organe und Chakren (64 S.)
- Die platonischen Körper in den Chakren (156 S.)
- Meditation (140 S.)
- Drachenfeuer (124 S.)
- Kundalini I (676 S.)
- Kundalini II (672 S.)
- Reinkarnation (156 S.)
- einsgerichtet (140 S.)

Astrologie
- Astrologie (496 S.)
- Photo-Astrologie (428 S.)
- Die astrologischen Aspekte (88 S.)
- Horoskop und Seele (120 S.)

Kabbala
- Kursus der praktischen Kabbala (150 S.)
- Eltern der Erde (450 S.)
- Blüten des Lebensbaumes:
    1. Die Struktur des kabbalistischen Lebensbaumes (370 S.)
    2. Der kabbalistische Lebensbaum als Forschungshilfsmittel (580 S.)
    3. Der kabbalistische Lebensbaum als spirituelle Landkarte (520 S.)
- Logik und Wirkung der Analogie (700 S.)

Eilenstein, Frater V.D., Knecht, Büdenbender
- Magie heute – Berichte aus der Praxis (288 S.)

Büdenbender, Eilenstein
- Chaos, Alk und Magic (436 S.)

Englische Buch-Ausgaben

die „Anfänger"-Reihe
- The Synthesis of Physics and Magic (192 p.)
- Telepathy for Beginners (60 p.)
- Telepathy for Advanced Learners (52 p.)
- Telekinesis for Beginners (56 p.)
- Life Force for Beginners (76 p.)
- Kundalini for Beginners (104 p.)
- Astral Projection for Beginners (60 p.)
- Meditation for Beginners (60 p.)
- Prophecy for Beginners (60 p.)
- Ritual Magic for Beginners (64 p.)
- Magic Chant for Beginners (108 p.)
- Invocations for Beginners (52 p.)
- Evocations for Beginners (62 p.)
- Auto-Movement for Beginners (60 p.)
- Elves for Beginners (56 p.)
- Hypnosis for Beginners (56 p.)
- Love Magic for Beginners (52 p.)
- Money Magic for Beginners (60 p.)
- Magic Objects for Beginners (64 p.)
- Shamanism for Beginners (52 p.)
- Chakra-Magic for Beginners (148 p.)
- Language of the Moon – for Beginners (128 p.)
- Self Knowledge for Beginners (60 p.)
- Da'ath-Magic for Beginners (64 p.)
- Astrology for Beginners (112 p.)
- Number Symbolism for Beginners (64 p.)
- Mandalas for Beginners (76 p.)
- Crop Circles for Beginners (344 p.)
- Feng Shui for Beginners (96 p.)
- Magic Research for Beginners (140 p.)
- Magic for Beginners – Anthology I (636 p.)
- Magic for Beginners – Anthology II (616 p.)
- Magic for Beginners – Anthology III (684 p.)
- Magic for Beginners – Anthology IV (580 p.)

Eilenstein, Frater V.D., Knecht, Büdenbender
- Living Magic (261 S.) (= „Magie heute")

sonstige englische Ausgaben
- The Biography of the Devil (140 S.)
- The Synthesis of Physics and Magic (192 S.)
- The Chakra-System with the Minor Chakras (304 S.)